Eduardo Milán

ESCREVER SOBRE ESCREVER POESIA

Eduardo Milán

tradução: Cláudia Dias Sampaio

NOMADISMOS

Coleção Nomadismos, de ensaio e pensamento mexicano, dirigida por Teresa Arijón, Bárbara Belloc e Renato Rezende.

Esta publicación fue realizada con el estímulo del Programa de Apoyo a la Traducción (PROTRAD) dependiente de instituciones culturales mexicanas.

Esta publicação foi realizada com o patrocínio do Programa de Apoyo a la Traducción (PROTRAD) dependente de instituições culturais mexicanas.

Revisão
Renato Rezende e Ingrid Vieira

Projeto Gráfico
Carolina Sulocki

Milán, Eduardo

  Escrever sobre escrever poesia / Eduardo Milán; seleção Teresa Arijón, Bárbara Belloc, Renato Rezende
  tradução Cláudia Dias Sampaio
  1ª ed. - Rio de Janeiro: Editora Circuito, 2017

ISBN 978-85-9582-005-0

1. Ficção mexicana 2. Ensaio contemporâneo - história e crítica

---

[2017]
Editora Circuito - www.editoracircuito.com.br

Eduardo Milán. **Quando no pensamento/ retumbam tambores e zumbam ventos**
por Teresa Arijón

6

I

Um ensaio sobre poesia

11

Esta poesia latino-americana

45

Ausência e esquecimento: substituição e emergência

75

II

Saídas: espessura.
Um ensaio sobre poesia a partir do que se sente

93

Ao redor do comunicável

115

Visões de quatro e o poema que não está

125

III

Escrever sobre escrever poesia

197

Eduardo Milán. Quando no pensamento/ retumbam tambores e zumbam ventos

Creio que tenho uma leitura exilada da tradição, que tende a exilar minhas leituras.

No ano de 2013, Eduardo Milán escreveu uma Premissa: uma espécie de introito ao seu enorme *En la crecida de la crisis: ensayos sobre poesía latinoamericana*. E com esse gesto galante que é sua marca e seu impromptu, convidou os leitores a chegar a uma conclusão. Falou de Orfeu, e de Maurice Blanchot situando o começo de escrever (poesia) no olhar (interdito) de Orfeu sobre/contra/para/por Eurídice. Mas fez uma observação: disse que o canto – essa voz encarnada no poema – "começa a caminhar em direção contrária ao olhar, *imediatamente depois*".

Imediatamente depois de Orfeu ter perdido Eurídice por impaciência, por estupidez? Por estolidez do próprio

Orfeu, de uma Eurídice insuportavelmente ansiosa como na versão em ópera de Glück, do destino inúmero que atava os pés e as mãos dos antigos gregos para forçá-los a engendrar e representar o mito? Essa imprudência daquele que canta – o vate, em sua dupla acepção de adivinho e poeta – funda, diz Eduardo: "o dizer oculto da poesia ocidental, esse não dizer que está dito porque vai no dito".

Imediatamente depois desse olhar imprudente e louco – o instrumento que gera a falta – a poesia, essa inapressável, começa a caminhar. Irá ela por caminho de sirga, de cabras, de cavalos, de carroça, de ronda, de rosas? Irá ela pelo caminho trilhado? Abrirá caminhos, traçará encruzilhadas? Sairá pelo caminho como quem sai ao encontro do inesperado?

É precisamente *esse caminhar da poesia* que aponta, desponta, resplandece na magnífica série de ensaios *Escrever sobre escrever poesia* – especialmente selecionados para a coleção Nomadismos, alguns deles ainda inéditos em espanhol – de Eduardo Milán. Escritos numinosos, rigorosos, rasgados, cometidos e acometidos por um dos mais nobres – no sentido de singular ou particular em sua espécie – poetas da América Latina. Um poeta que é argonauta, pedra-imã, ocelo, eclipse.

Eduardo Milán é "um raro", como os que descrevia o nicaraguense Rubén Darío. É também um migrante do século XXI que porta (como um escudo, um fardo, uma quimera?)

a instável marca do ostracismo. Que é também uma tomada (forçada) de consciência. Sobretudo, um espiral de intuição.

Eduardo nasceu na República Oriental do Uruguai em 1952, numa cidade pequena chamada Rivera, separada por uma rua de outra cidadezinha: Santana do Livramento, no Brasil. Sua mãe, brasileira, morreu quando ele tinha dois anos. Dela herdou a língua primeira, e de sua própria e tenra orfandade a urgência de "escapar em direção a outras latitudes imaginárias", a iniciação na poesia. Seu pai, uruguaio, foi perseguido pela ditadura que carcomeu o país nos anos setenta. Desde o final dessa década (ou quase) Eduardo vive no México, no Distrito Federal. Disse a respeito: "O México me deu as palavras com as quais escrevo. Teria escrito o que escrevi fora do México? Seguramente não".

Sobre a poesia brasileira – umas das chaves de seu *roteiro* de escrita –, diz: " O que me tocou não foi o lirismo festivo do Brasil, mas sim o lirismo rigoroso da poesia concreta. O lirismo rigoroso de Augusto e Haroldo de Campos e Décio Pignatari foi fundamental para mim. Sua zona crítica e sua zona prática. Os concretistas propuseram uma reformalização da poesia através de sua reformulação da mediação poética. Mas não sei o que teria sido de tudo isto sem essa outra mediação, kafkiana, que eu tinha da realidade".

Uruguaio nativo, de raiz brasileira, mexicano por residência, e "alegrialmente"[1] desterritorializado – em toda a iminência do termo –, a grandeza e a influência de Eduardo

1   Referência ao livro de poemas de Milán intitulado *Alegrial* (N. da.T).

Milán como poeta e ensaísta são tangíveis e quase diria flagrantes na literatura latino-americana das últimas décadas. Sua trajetória é por demais conhecida e excede o comentário. O próprio Milán resume sua decisão de incorrer na poesia por elegância (por delicadeza, diria Rimbaud) com uma sinergia impecável: "Nesta nova ordem das coisas – onde imperam a violência, a dúvida e sobretudo o dinheiro – vem a ser ponderação da palavra, já não pela palavra-coisa, mas pela palavra em si. Escavação, quanto mais fundo se cave, mais parecido ao pensamento".

A produção ensaística de Milán abre horizontes e derruba monólitos com suas incursões na poesia latino-americana escrita nas múltiplas derivas do castelhano e do português nas Américas e acende – com vigor crítico, humor fino e amor transbordado – novas tochas que passam de mão em mão como rajadas, raios, redemoinhos. É presente, necessária, sutilmente vigorosa. Como o rebote das botas contra o piso de terra no *malambo*,[2] como a reverberação da voz na noite quente dos trópicos.

Teresa Arijón
Buenos Aires, 27 de julho de 2017

---

2   Dança folclórica tradicional argentina, que contém movimentos que lembram o sapateado. (N. da T.).

I

UM ENSAIO SOBRE POESIA

a Jaime Soler Frost

Primeiro capítulo

O poder íntimo_____

_____

Se a poesia é descontinuidade, se é percepção intermitente, a linguagem do ensaio também é descontínua, a percepção que captura é intermitente. Essa relação de liberdade diante do ensaio se parece a da linguagem diante da poesia, a liberdade da linguagem quando se aproxima ao que o poeta entende por poesia. A liberdade do ensaio é todo um tema. Há uma maneira de conceber o poema como esse momento em que a escrita nos permite saber o que está fazendo, porque, ao chegar ao cruzamento de caminhos, elege um e não outro. Em todo poema há um cruzamento de caminhos. Em um grande poema há mais de um cruzamento de caminhos. A metáfora é ainda a de ir, a de ir indo. Não quero entrar no motivo da viagem porque entrar aí é realmente entrar: não saímos por qualquer porta na aventura do conhecimento. Ulisses, por mais dados. Em todo poema o maior prazer é perceber a eleição de um caminho e não de outro, a aposta pela direção única que nos guiará por onde só intuímos e não necessariamente sabemos. Em todo caso, isso é moderno: o registro palmo a palmo, como medindo com as mãos o que não suporta o peso das mãos nem seu roçar. Se fosse grave, seria: medindo o abismo palmo a palmo. Mas não é grave. Um poema pode, depois de terminar ou abandonar o transcurso do caminho eleito, recuperar o outro caminho abandonado. Aí sabemos que não foi abandonado. Aí sabemos que se tratava de um relegar momentâneo. Era uma espera. Não começamos de novo porque o registro do outro caminho está: cheira a álamos ao lado da cerca de pedra. Só seguimos uma possibilidade que manteve intacto seu tempo enquanto nós íamos com outro tempo a outra distância. Isto é o moderno: todos os caminhos. À medida que avançava o século XIX, fomos aprendendo a escrever com frases breves. Enquanto nos aproximávamos do final do século, a frase breve reinou em um âmbito do intervalo; "Une saison en enfer", "Un coup de dés". Nesse último poema fica o registro pontual, doloroso, de uma queda não ao centro, mas ao sem centro: o canto cai ao fundo do zenzontle.³ Mallarmé-zenzontle inventou o poema-dilema. Dilema, e não adivinhação. Não há nada que averiguar, não há pista para ferramentas de busca, o cão de caça crítico erra o olfato – o olfato era um fato antigo, um ritual ultrapassado que deixou de funcionar. E o crítico cão de caça não pode senão construir um imenso teatro vazio daquele poema, o mais antigo da lírica idealista. Se o poema-dilema está concebido – estamos em 1897 – há que inventar as regras para o poema-dilema. O poema-dilema é uma eleição constante, não como todo poema que é uma eleição constante – sempre se elege, nem sempre se ganha, nem sempre se perde, uma coisa pela outra, o resgate não funciona sempre: vejam Mississippi. Agora vejam a água sobre New Orleans. A estupidez criminosa, água enlameada, afoga o berço do jazz com o bebê do jazz dentro, a água da tara sobre o negro, a negra e o negrinho, todos do jazz, a tarântula da água sobre a nascente. O que restou não implica uma estabilidade completa, um círculo que refaça o traçado ao redor do fogo na noite das primeiras palavras onde éramos falantes e éramos ouvintes, palavras sustentadas pelas brasas desde o fundo com calor. Um sistema de referências

3   Também conhecido como cenzontle (*Mimus polyglottos*), esse pássaro que pode ser encontrado na Cidade do México é capaz de imitar sons de animais, cantos de outras aves e ruídos como de máquinas. Há um poema atribuído a Nezahualcoyótl que faz alusão a esse pássaro, que em Náhuatl significa "Ave de 400 vozes". Fonte: www.masdemx.com. (N. da T.).

honesto não pode deixar de aludir a esse poema. Eu não penso em fazer isso. Mallarmé inventou o poema-dilema, quer dizer: Mallarmé inventou o registro pontual – isto é: o lento, vamos por partes, passo a passo do poema-dilema. Um operístico pássaro elíptico faz piruetas com a elipse: não tira nem bota. Isso também é moderno: o registro de tudo, não jogar nada fora. Antes de reciclar registrávamos cada passo, como que inventando uma memória do resíduo. Há outra forma? *A época exigia uma imagem descontínua.* A obra *Passagens*, de Walter Benjamin, é um testemunho de alguém que viu bem como esse fluxo implacável do capitalismo industrial deixa uns pontos fermentais de lado, como mortos antes da Primeira Guerra Mundial que aparecerão na Primeira Guerra Mundial, ponto de catástrofe onde o espírito europeu se castra. Há que deter-se aí, espiá-los. Há que contemplar isso. É uma conexão subterrânea, um passo obscuro por onde transita muita gente. É um formigueiro nuclear, quero dizer, um átomo aceso, mas intermitente. E a palavra é deter-se. A palavra subterrânea do capitalismo – muito bem vista no auge industrial –, a palavra que espera em qualquer parte, mas que não é *vertigem, velocidade, contradição, massa*, essa série acumulativa de faíscas de superfície que se deslocam unidas por um fio cúmplice de luz de neon e que, na aparência, acabam por definir tudo, é *deter-se*. Está nos textos, está nos textos dos sábios, está nos silêncios dos sábios frequentemente citados por Jorge

Riechmann: *deter-se*. É uma palavra subjacente, sempre esteve aí e ainda não chega até nós. Os lábios dos sábios são miúdos para que o silêncio não escape, miúdos lábios que não podem ser carnudos como os das mulheres desejadas que não conhecem o silêncio. Nesse sentido a *passagem* é uma detenção, algo paralelo ao não-sido que clama o que no fundo ficou batendo, mas que nem por aparência – chiado pelos bicos, crias, ninhos, palha – podemos chamar pássaro. A passagem, o muita-gente, o turbilhão, o lote acumulado, o formigueiro da passagem é uma vontade messiânica – ou uma certeza: "voltarão as obscuras andorinhas" nas bachianas variações de Cirlot. Um poema é uma passagem. Uma passagem onde sempre aparece o cruzamento de caminhos. Em um grande poema há vários cruzamentos de caminhos. "Fiz um poema sobre nada" ("*Farai un vers de dreyt nien*"), o poema admirável por definição, rompe em aberta alusão ao cruzamento: "al encontrarlo/iba durmiendo por el camino/en mi caballo".[4] Traduzi esse poema para a *Vuelta* em princípios dos noventa. Está ligado à experiência de meu ingresso na Faculdade de Humanidades de Montevidéu, às minhas aulas de provençal com Guido Zannier. Minha versão foi reproduzida na revista *El poeta y su trabajo*, nº 1, outono de 2000, México. Essa passagem de Guillaume de Poitiers é uma passagem mental na qual se pode cair docemente e nesse estado entrar na suspensão, que é o momento propício da escrita poética. Não

4   "[...] ao encontrá-lo/ia dormindo pelo caminho/em meu cavalo."

tanto o instante: a suspensão. A suspensão é o tempo em que se possibilita a leitura poética: lemos por suspensão. Ainda na moda atual das poéticas radicais da Argentina – poéticas do coloquial que aprenderam a lição de Nicanor Parra, único poeta latino-americano que realmente mudou a concepção e a atitude poéticas no que nos coube do século XX – se lê por suspensão. Mesmo na rua, na mímesis da linguagem falada que se chama rua, congestionamento, tráfico, ruído, há um parcelamento, uma vontade – obrigatória – de restrição a que o leitor acede. Nesse âmbito metonímico criado à força, arbitrariamente, em maior ou menor grau segundo as possibilidades de frio ou de calor do autor, as estações do ano, a economia da casa, o preço do petróleo no mercado internacional – o petróleo que tanto lembra, em sua linguagem, a verdade –, levanta-se uma construção metafórica cada vez mais pálida, na medida em que o descoloramento do poema avança outra vez – experiente, astuto como abelha ao redor –, até a sua decomposição. Esse ritual permanece: o ritual de decomposição de poema, desfazer-se sem aperto como pêssego sem mãos, perder-se em qualquer paisagem que é perder-se sempre em si mesmo, desaparecer em seu fundo – algo é algo: renascer é só uma metáfora que implica um aparecer distinto – para renascer. A outra moda que já está aí é a babelização. Só que não há referentes reais: "ninguém fala assim". Ninguém quer a lembrança do ponto de explosão onde se dispersam as linguagens. Os referentes são textuais, idiomáticos. Pedaços que não implicam nenhuma ontologia desmembrada, sonho de reconstrução, nem utopia do princípio. Tradução à linguagem de uma consciência feita pedaços não é. Simples e singela construção de formas sem lamento pela perda de alguma forma ideal. É um ato frio. Com calor, o lamento ainda não é frio. O jogo é aceito. O ato depende do grau de leitura de cada um, o grau de fazer o arremedo das línguas. Poliglotonia, glutões de línguas pelos longos refeitórios dos asilos para indigentes com paredes de azulejos. Não é o mesmo a indigência da palavra que a palavra do indigente. A consciência da palavra como indigência é, em geral, um tema para a poesia do primeiro mundo, Europa ou Estados Unidos, ali onde a pobreza é pouca. Quando a indigência é muita, a glutoneria babélica soa a restos de comida no fundo de uma panela: batatas, cenouras, vagens, acelgas, abobrinhas e sobre a água uns ossinhos boiando. New Orleans, cidade inundada por aqueles que não deram nada. É um *collage* linguístico, experiência de muitos mundos se cada língua dá uma imagem do mundo; muitas imagens de mundos coexistindo, só que extremamente recortadas. É outro acasalamento, outro rejuntar-se. Mas não pode ser levado muito a sério, a não ser como sintoma de uma doença prevista. O previsto era a colagem de resíduos na frase, a tentativa de colagem. Estava aí essa capacidade de esquecimento nossa, como tantã dos ancestrais. Ancestrais? Quais ancestrais? O mestre é Joyce, alegria óbvia que os discípulos experimentais do século XX esticaram até onde puderam: esticá-lo como sombra elástica, puxar a cada ponto cardinal os quatro cavalos de seu eco. Pior é nada. Ou não: há um momento anterior ao qual remete o conceito de *antipalavra*, que é sempre possível de ser reinventado precisamente por ser inverificável. Não é um lugar, não há esse ponto antes da palavra. Fonte não é, manancial não é, também não é comporta: ponto inverificável, ponto como denominação, sinal sabido tanto quanto impossível encontrá-lo, insisto: não lugar, não-lugar. Valente nomeou bem essa instância de possível recomeço com a plena consciência do risco de mitificação do qual a mística protege com sua aura: saber o que "balbuciar" já não é balbuciar. Ainda que não seja nunca o que aparece – a palavra querida sempre é outro aparecer, deslocamento que ocorre nas mitopoéticas do presente, fabricadas em série, reluzentes, recém-saídas do teto de chuva do *carwash*; poéticas ao vapor, narcisismo de resíduos sem conexão com o mito original, mito manuseado que atua como prefixo do não fixável, por impossível ainda que "poética" fosse seu desprendimento "natural", seu "devir" íntimo, louco, mais louco: há que reconhecer esse inquietante grau de provisoriedade de todo o vivido nesse presente, mas o lógico do sentido poético era regressar à palavra segura, dólmen, totem, monólito entre os macacos, marco inabalável que solta seus cabos, solta suas velas, solta suas amarras, tira sua gente da rua e é a compreensível dissolução, o milsentido que deixou tudo a perder: era voltar ao movimento lógico – ainda que esse não exista, ainda que não aconteça a purificação desejada de tempo em tempo, a tendência em ir buscar, ao virar a cabeça, aí está. Está claro, perfeita coluna invisível perdoando o não ver o que há que ver e ver o que há que não ver, com toda certeza claro, que não há nada que dizer. Por isso o que se diz é acréscimo nosso. A poesia foi uma aproximação àquilo que queríamos dizer. Agora é uma aproximação à forma como dizemos. Dizer assim só pode girar sobre si mesmo, por mais que o espaço do movimento verbal tenda a ampliar-se, a tornar-se âmbito mais que contexto: dizer assim só pode ser um pião.

E nosso sonho de um pião girando infinitamente. Em algum lugar chamei "poéticas do retorno" as que saltavam por cima dessa realidade contundente, realidade encarada como vala eterna que não se pode tirar da frente, poéticas que fingiam voltar não como um desejo de fonte: como um movimento de ignorância do presente que pode petrificar a toda consciência que caia em seu mecanismo de repetição. Tornou-se difícil falar então de uma arte histórica, da forma histórica, do homem histórico, da palavra histórica: um século inteiro – o XX – queria sair da história. Havia algumas portas disponíveis para o projeto de fuga: a cotidiana, o aqui e agora, mas lentos, comendo sorvetes, contando com o risco da banalização da existência, da frivolidade convencionada, do controle do espírito que se chama consenso, sob permanente chuva ou ameaça de cretinismo irreversível: pousar na terra como epifania ou respiro do éter prometido, ar dos deuses para nenhum nariz, gelatina em lugar de ambrosia: de qualquer maneira "nunca voltará a acontecer nada". Tudo bem chacoalhado com um coquetel ideológico elementar, esmagador. Ao lado do parágrafo, mas com uma insistente capacidade de filtragem, a fome, a indigência, o desamparo, a ignorância, a deterioração, todas as formas da degradação sem retorno. Escrever já não é essa proteção da margem, estar dentro como sinal de pertencimento, linhagem tecida com fio fino: "Eu falo com Petrarca. E você?". A modernidade rigorosa escreveu "a palo seco". Nós, à margem transbordados. À porta da vida cotidiana. Porque também há a poesia coloquial que corresponde à valorização gratificante da vida cotidiana, a que ganhou a batalha poética do século, batalha subjacente travada entre uma linguagem "pura" e uma linguagem "da rua": ganhou a linguagem "da rua". A poesia norte-americana teve um papel fundamental na possibilidade do uso dessa linguagem na poesia latino-americana do século XX. Ainda quando essa linguagem pertence a um domínio de uso mais amplo, de época, o da modernidade, descende à poesia latino-americana da Europa, onde foi dar graças a Laforgue (Jules Laforgue, 1860-1887, nascido em Montevidéu e morto na França, integra um monumento localizado na zona montevideana conhecida como Ciudad Vieja, junto a Isidoro Ducasse, Conde de Lautréamont, e Jules Supervielle, representado por um barquinho de bronze, uma fragata, na realidade, com essas palavras gravadas abaixo: "Aos poetas que o Uruguai deu à França". A poesia é como o amor: dá o que não tem, diz a reflexão francesa por via do eixo Valéry-Lacan. Mas é verdade: a Supervielle devemos o equilíbrio da ironia; a Lautréamont, o susto; e a Laforgue uma revolução na linguagem poética. Nada mal.). Podia ter sido localizado voltando o olhar para a fronteira com os Estados Unidos, imediata, tal como fizeram os poetas nicaraguenses. Mas Ezra Pound, assim como Eliot, tinha à Europa com 80 dólares (com 80 dólares Pound, não Eliot), e, assim como Eliot, em um de seus cantos (em um dos cantos de Pound, não de Eliot: no CXVI, precisamente) diz: "Y he aprendido más de Jules/(Jules Laforgue) desde entonces/ honduras en él"[5], para usar a versão de José Vázquez Amaral, excelente, segundo Pound. Coronel Urtecho, Martínez Rivas e Cardenal, pelo menos, sabem bem do que falo. O certo é que as palmas coloquiais foram levadas por Nicanor Parra no século XX, não pelo privilégio do uso da linguagem coloquial, mas por ter colocado em xeque o poema, a poesia e o poeta como ninguém antes na América Latina. Costuma-se confundir linguagem coloquial com linguagem de rua. Apesar

5   "E aprendi mais de Jules/(Jules Laforgue) a partir de então/ profundidades nele".

de existir quem fale (grupos sociais inteiros, ferozmente marginalizados) em casa da mesma forma como fala na rua, não há conflito de interesses entre ambos os modos. O conflito acontece com a "outra" linguagem, poética por excelência – ou seja, por tradição, linguagem orquestrada segundo uma concepção poética de linguagem aurática (sempre há exceções, aparições, intermitências, libélulas: a poesia satírica, o romance medieval, o que pode se considerar a "aurora lírica" do Ocidente, as *kharjas*,[6] as cantigas de amigo galego-portuguesas e, já em casa, a poesia provençal de Guillaume de Poitiers, François Villon – nesse último caso, a acepção "em casa" é só uma metáfora organizada da existência compartilhada, nada de lar nem de refúgio, nada *habitável*: se o poeta está *fora*, como afirma Maurice Blanchot, Villon está duas vezes fora: uma por poeta, outra por perseguido). A linguagem poética deixou de ser, na modernidade, uma linguagem reconhecida como gasta pelo uso. Na medida em que a ilustração a torna neoclássica, certo romantismo a soleniza – o alemão, sem dúvida –, o simbolismo a solapa e lhe joga na cara sua inoperância, ao ser uma linguagem abandonada como pertencente a uma idade passada. Sua memória está nos textos considerados canônicos. E, à luz do uso exagerado da coloquialidade linguística, tornou-se uma ausência cada vez mais perigosa, na medida em que é vista de maneira alucinante

---

6   Composição lírica popular da Hispânia muçulmana, que constituía a parte final da *moachaha*, de que existem exemplos desde o século X-XI. (Wikipédia). (N. da T.).

em certos textos da poesia presente, em especial os que estão à beira da não poesia ou os que integram essa disfunção como zona crítica do mesmo processo criativo. A difícil reivindicação acima mencionada, de uma historicidade para a arte poética, em especial ao estado da forma, não provém, é óbvio, da poesia coloquial ou da linguagem da rua. Nessa poesia é a linguagem que organiza a forma poética, ou, de outro modo, a forma se organiza dependendo da linguagem em uso. Montada entre a busca formal organizada a partir da linguagem e uma reivindicação de conexão com a melhor tradição poética herdada, é a poesia concreta que reivindica historicidade à aventura poética. A segunda porta de entrada depois da fuga do século XX da história, porta paralela à porta cotidiana, é a porta intemporal, eterna enquanto sempre aberta, eterna enquanto sempre "aí", sempre disponível como um soneto ou qualquer forma fixa. Sempre, sempre, sempre: é o consolo da arte e possivelmente de toda alternativa de transcendência. A poesia concreta tenta interromper a fuga histórica. A linguagem concreta não censura a linguagem coloquial que pode alcançar um alto nível de concretude. Os exemplos já estão dados. Na realidade, o processo de desgaste da linguagem poética depende muito, para sua verificação, do ângulo de visão da existência vivida. Viver sob o princípio da banalidade ou sob o signo de uma virtualidade consensual, existência sem raiz, fugaz, de indivíduo condenado à imanência e, portanto, a si mesmo, todo horizonte de transformação declarado impossível – visto a partir do discurso dominante, é óbvio – em troca de uma dispersão infinita de satisfatores – e de improvável satisfação –, relativização do trabalho e uma reciclada reiteração da ameaça iminente – até que deixa de ser iminente e se produz –, vírus, terrorismo, pandemias, são as promessas da ordem atual do mundo que protege o mundo que se situa sob essa ordem, margens à parte. A partir desse ponto de vista da existência há uma demanda de consistência ao ofício sem ofício da poesia. Essa demanda, legítima enquanto procedência – a vida inconsistente e sua consciência sem consolo –, poucas vezes coincide com o destinatário de sua reivindicação ou, no melhor dos casos, de sua crítica. De novo, se responsabiliza uma prática artística pelo fracasso da vida. Não é a poesia e suas linguagens, nem são os distintos modos de encarar o fenômeno poético os que pecam de inconsistência: é a vida vivida que não satisfaz. Ou o faz, mediante satisfatores por demais supérfluos que não permitem assumir nossa condição humana em sociedades com um alto nível de degradação. A poesia como experiência de linguagem, como investigação constante dos limites linguísticos, participante artístico de uma existência interrompida em sua possibilidade de transformação, muda de signo e se transforma em seu contrário: o que era arte-em-processo se torna arte de acompanhamento; o que era provocação da percepção, da sensibilidade e da inteligência – em suma: abertura da consciência –, se torna prática insegura que não plenifica. A arte deixou de ser alteridade e se tornou o mesmo, hospedado nesta beira da existência. O jogo se torna sinônimo de frivolidade, esquecimento patente de sua condição ritual originária. Exige-se uma poesia séria para uma existência ou frívola, ou ameaçadora, ou sem alternativas de mudança. Em qualquer dos casos, se tenta voltar à "única prática metafísica depois da morte de Deus", carga outorgada por Nietzsche à arte com toda uma consciência de gravidade implicada. Diante de um clamor semelhante – "clamor" como paráfrase de Jorge Guillén, como manifestação encantada de um ato espiritual de encantamento que já não encanta, ou não como quiséramos que encantasse, enquanto se tenha em conta a parcela de recepção interessada na arte quando não pode ser fenômeno midiático; em termos da lógica da própria poesia trata-se de um "clamor mundial" bastante inexistente: a atenção está em outra parte –, seriedade e segurança, estabilidade das formas são camuflagens de uma *necessidade de sentido* que faz falta na poesia e na arte moderna que leva de forma implícita em sua consideração uma boa dose de risco. Em termos literários, o romance mereceria uma consideração à parte: sua linguagem, a partir de sua formulação burguesa, é uma linguagem de acompanhamento. Não é a questão orteguiana da "desumanização da arte" – ou ainda é, em alguma parte, depois de tudo –: é a insatisfação literal, denúncia de uma insuficiência da arte, localização de um espaço "que não basta" no sentido de que não plenifica. Há que distinguir entre insuficiência de sentido limite, buscada – "Dadá não significa nada" (Tzara), o que é uma manifestação especificamente histórica –, e insuficiência de sentido enquanto sentido que não está, que falta. Mas o sentido, no que diz respeito a seu ser carência na arte, não é problema. Desdobrando o termo, a poesia do século XIX – simbolismo e também romantismo – e parte das três primeiras décadas do XX *faltou no sentido*, como prova do que acabo de citar de Tzara. *The waste land* manifesta uma *falta no sentido* ainda na tentativa de demonstrar essa ausência: combate ausência com ausência, não com plenitude. Incapaz de escapar a uma instância mimética última – o mesmo ocorre com "Un coup de dés" –, a poesia reproduz o que quer criticar, ao menos essa poesia cuja temática é anterior à organização interna de sua linguagem. O estranho é que na contemporaneidade pós-moderna, acostumados aos distintos graus de carência, ainda demandemos completude à arte. A explicação do que agora se localiza como *falta de sentido* na arte se remete à nossa própria existência.

Segundo capítulo

_____Encontra no exílio o velho sonho do jogo

Exterior do exterior, o exílio é uma entrada à poesia. Para quem já tinha entrado (eu tinha entrado), é o certificado de uma entrada. Escrever poesia é estar exilado antes de sair ao exílio. "Sair ao exílio": eis aí uma *quantidade abismal*, uma vertical expressiva. É como ir caindo sem jamais tocar o chão "um caindo que não encontra chão", uma expulsão ao éter, um parto ao domínio do imenso. Há que colocar maiúscula em "imenso"? Prefigura uma porta de entrada à saída. Há um porteiro na saída? Um guardião na entrada? Não foram vistos.

Talvez porque o exílio é um distanciamento, não só do país de origem; um distanciamento permanente, em uma constante "linha de fuga" o exílio se distancia do exílio. Talvez por isso a nostalgia em que consiste, uma nostalgia de comunidade, uma nostalgia de um entorno em que falta um círculo de álamos, umas mãos se esquentando no fogo. Se estivesse nela, a palavra viraria a cabeça. Em todo caso, tem algo de espaço poético não fingido, de folha sem metáfora, de não lugar sem lugar, com *outro* lugar. O que interessava é *poesia como exílio*, o que combina o tema com a errância, o nomadismo. O exílio é um efeito primitivo de descentramento, é um conhecimento da margem antes que "descentramento" e "margem" fossem palavras, em uma acepção sociológica cultural, antropológica, de êxito nos *hit parades* da verdade, tristeza, ira e indigência. Alguém se imagina no exílio como em um permanente movimento. O imaginário se coloca em posição de privilégio, partícipe imediato do universo em expansão. Figura que justifica a acepção "o deserto cresce", figura que o acompanha, vai com ele. Mas não interessa o esvaziamento nem a substituição de sentido: na maioria dos casos o exílio é um castigo imposto ou a opção de escapar de um castigo, de uma pena, da indigência. No exílio não se sabe se é a ferida ou a dor o que dói. Antecipa o exílio político as ondas migratórias atuais? Já não se nasce sobre determinada porção de terra, mas sim em qualquer lugar sob as estrelas? O exílio é um espaço de coincidência onde o interior coincide com o exterior, o dentro com o fora. Quando se pede a um poema que "toque terra", pede-se à palavra poética um impossível: raiz. Raiz é o que a palavra poética não tem. "Floresce porque floresce", a bela expressão religiosa de Angelus Silesius com a qual tanto Borges quanto José Ángel Valente definem a poesia, quer dizer, entre outras coisas, "sem raiz", que não veio da terra, antes chamada do céu: "sem porquê", portanto, com todos; eis aí um "porquê" da rosa. "Sem porquê" é "sem raiz". Em geral há o esquecimento do exílio como raiz arrancada. No exílio já se está no exílio, não se chegou a ele. Se está aí como se sempre estivesse estado aí. "Prisioneiros da arcádia do presente", diz Antonio Machado. E por acaso o presente perpétuo não tende a ser a ilusão temporal da prisão perpétua? A prisão perpétua não é uma ilusão para o preso: é uma forma da máxima humilhação expressiva, a condição mortal que se torna eterna por castigo. A interrupção do futuro, essa engrenagem que escorrega e não sai – ainda que seja na aparência – do mesmo ponto: não é o tempo que marca este sistema? Não é o tempo de Prometeu? E aqui vem a pergunta já prevista: onde fica a águia em tudo isso? A águia fica no céu. E onde fica o céu? Do outro lado da fronteira. Essa é a única maneira que conheço de sair por momentos da consciência do exílio que não abandona – a proibição do exílio parece ser não esquecer –: entrar, não na ordem justificatória das coisas do sistema, no jogo. Esse exercício de ritmo assonante parece mais prosa de brinquedo que documento. Será? E os que tivemos que sair realmente, uns pelo Brasil, outros por missão diplomática estrangeira, outros pelo Aeroporto Internacional de Montevidéu? Escolher entre comer merda ou estar morto? O estar da palavra poética é um estar análogo ao estar exilado por sua condição sem raiz. Só que o exílio pressupõe o homem. Salvo metaforicamente, a palavra poética não foi exilada de nenhum reino, de nenhuma terra, de nenhum país: por momentos foi exilada do homem. Não há palavra africana, australiana, asiática: porque não pode ser exilada, só há palavra poética. O exercício da palavra poética não pressupõe por si só um compromisso ético.

Capítulo terceiro

Pontos de discernimento

Não é possível sair da visão global a certos problemas relacionados à poesia. Ainda que seja uma arte linguística específica, a poesia pede uma visão global. A poesia é linguagem vinculante. E o é por contradição: por ser linguagem específica, porque só o específico pode falar em forma múltipla. Mas pede também, dentro do olhar global, o reconhecimento de sua especificidade. A modernidade nos ensinou a olhar globalmente, a ver a totalidade à margem dos ataques à margem dos impérios do XIX, tão claramente modernos em seu olhar eurocêntrico. Enquanto nossos olhares atendiam à globalidade moderna, a modernidade imperial se ocupava das especificidades estratégicas. Manifestação convulsiva desse estado de coisas, em plena encenação do espírito europeu, as vanguardas estético-históricas foram a ponta de lança de um olhar estético global: que, do contrário, significa a vontade de implantar uma *koiné* ou língua única para a arte, posição que se localiza nas antípodas da babelização atual. Mas é um equilíbrio difícil. O parcelamento de existências que indicam as distintas realidades atuais que integram o mundo globalizado pede também uma situação do olhar específico: um olhar à especificidade a partir de uma realidade específica no marco de um âmbito global. Há que situar-se no pensamento em condição variável. Os embates que padecem sociedades desaparecidas na degradação social e econômica durante gerações podem ressentir na hora da prática artística o peso desse lastro histórico que se apresenta pontual. Não há por que defender-se. Basta saber que é tão suicida sair da análise global que, ainda que produza saldos negativos a nossa realidade particular, é iludível negar-se como comunidade arrasada historicamente ou como individualidade desejante. Não há vergonha em formar parte – não é o mesmo que estar de acordo, muito menos legitimar – de uma economia depredadora e dependente e estar submetido a uma existência pensante de menor idade. Vergonha é não revelar-se contra ele. A globalização permite o álibi de esquecer nosso acumulado déficit de pensamento. Saber-se imerso em um mundo que tem sua própria dinâmica e um pacote ideológico que a promete imutável é uma garantia de saúde para nossa impotência. "Vamos com o mundo", mais que um movimento conforme uma dinâmica compartilhada, parece uma articulação de consolo. É ir no sentido da corrente, na direção para onde sopra o vento. É mais difícil ver em quais condições nos movemos na amplitude desse mundo. O esvoaçar de uma mariposa em Nova York pode produzir a derrubada de uma montanha asiática: é a hipótese da interconexão. É a vitória do mínimo sobre o monumental. É também uma metáfora física da interdependência dos equilíbrios. Ou um alerta sobre o gesto dos oprimidos e seu efeito na estabilidade dos opressores. Mas é cínico tomar a beleza como obrigação fatual de suportar qualquer ordem injusta pela ameaça latente, sempre possível de extirpar, de produzir por rebelião uma catástrofe geral. Esse pensamento de "fim da história" é inviável. É válido como imagem, como efeito poético. Há que deter-se nas variáveis. A variável coloquial e sua especificidade, a variável fragmentária e sua especificidade, a variável do olhar latino-americano para a poesia – e suas especificidades. Isso enquanto ao estado organizacional do poema. E a área semântica? Voltará às significações duras, meterá seu nariz no sem sentido? Resposta rápida: nem as significações duras nem o sem sentido são o problema.

Falar de coloquialidade poética (linguagem que se fala, linguagem da rua) em poesia não é dizer muito enquanto tipificação inovadora: a poesia do século XX está cheia de linguagem coloquial. O coloquialismo tipificará, para quem olhe a partir do futuro, uma boa parte do que foi feito na poesia contemporânea. De modo que há uma coloquialidade radical e uma coloquialidade que entende poesia por essa linguagem, linguagem que "diz as coisas como são", e é, por esse rumo, "verdadeira", que torna equivalente essa linguagem com a poesia. A radicalidade poética, no entanto, não distingue entre linguagem pura e linguagem coloquial, entre denotação e metáfora. A radicalidade poética depende do estado da poesia de uma época, depende do estado da linguagem poética em um dado tempo. Só assim se entende que a antipoesia de Nicanor Parra possa ser vista como um projeto poético radical que tem na mira algumas outrora poéticas radicais de vanguarda, como o criacionismo e o surrealismo. Sem sair do Chile, em 1950, depois de *Residencia en la tierra*, de Neruda, nem criacionismo nem surrealismo têm nada a dizer. O motivo é compreensível. Só em uma acepção de prática negativa da arte, de projeto dissolutivo da arte na prática social se pode interpretar a vanguarda como fenômeno radical. Há que desenterrar o que está do lado de fora: todo o fogo ao que se fala e como se fala. Lamentavelmente, a corrente que venera Parra se vale do primeiro fator e não do segundo. Se *Poemas y antipoemas* não constituísse um projeto de pesquisa da linguagem falada, simultaneamente a um desmascaramento de um lugar poético e de um poeta mal encarados, não teria a significação histórica que tem. A radicalidade não só é invenção: pode ser mostrar a nudez da nudez, o aí que se confunde com o óbvio. Sem perder de vista que também a linguagem poética coloquial, o famoso que "fala como se fala", o célebre que "diz a verdade", a linguagem "marginal de qualquer esquina", é uma forma de linguagem cujo único efeito de verdade reside no fato de que mimetiza o falar humano fora do âmbito poético, e cuja frescura é possível graças à sua maior capacidade de escapar à norma. Considerada em fase canônica – a linguagem neoclássica, por exemplo, inclusive a linguagem poética da poesia barroca em seu momento histórico –, a linguagem coloquial, solapada à existência na medida em que deriva dela, a expressa, a traduz, a mente, a reinventa; é o idôneo para sabotar posições dominantes. Há uma equivalência por trás, muito cara à poesia pós-simbolista: a que se produz entre poesia e culto, entre não poesia e existência. Viver é não poético. Se combate o "estado" da poesia com "a vida" que se traduz em linguagem falada. A inversão é completa: o "puro e verdadeiro" que enfrenta o "corrupto" (em "valor") e "artificial" é precisamente "a contribuição milenar de todos os erros" (Oswald de Andrade), aproximação inequívoca do que é a linguagem coloquial. Em *Razón de nadie* (Madri: Ave del Paraíso, 1994) José-Miguel Ullán leva o coloquialismo poético a uma singular fase de estranhamento mediante uma série de operações claras: 1) toma-o como linguagem normativa; 2) tipifica-o como uma "fala estranha" a quem o fala; 3) pratica sobre o corpo da linguagem falada uma série de operações que se praticariam sobre a linguagem poética ortodoxa, a de léxico e articulação precisas: esvaziamento de significação, elipse constante, branqueamento em sua iconicidade – quer dizer, uma operação de evidência de sua plasticidade que tende a petrificá-la como se fosse qualquer outra linguagem e a tirar-lhe fluidez e dinâmica. É, sem dúvida, uma *depuração do coloquial* a partir do próprio coloquialismo que o transforma em extrato de colóquio, já sem os inúmeros bordões que a caracterizam. Ullán se deu conta de que depois de tirar partido de tudo o que não é poético na possibilidade poética da linguagem coloquial o que restava era exauri-la, extraditá-la de si mesma. De novo, desmascaramento e invenção:

FOLHA SECA

Tradicional

Seu voo não era azul mas ainda me lembro que,
quem sabe pela luz, parecia... (E
em que se fixar, diga, se não há remédio
nem rede nem reverso nem parecer nem quase
nada
como o ceder ao indeciso dia
em que...)"

A graça do corte das linhas nesse texto não esquece um prazer com a desencarnação nostálgica, um *algo mais* impossível que se mantém por fidelidade poética em ausência.

Em *Levemente ondulado* (Montevidéu: Arte Fatos, 2005), Roberto Appratto sustenta um tom similar de fala coloquial em ossos:

> Sento-me a escrever
> e faço silêncio.
> A partir desse gesto
> de calar a boca e ao mesmo tempo
> o pensamento
> escuto umas vozes: escuto
> umas
> vozes
> que dizem o que se pensou
> a respeito.

Estamos longe das poéticas coloquiais que se praticam hoje, por exemplo, na Argentina. O álibi de "isto não é poesia" faz valer experiências verbais derivadas muito intimamente da experiência. "Experiências faladas" de escassa profundidade, a linguagem está fora de objetivação, é impossível trabalhar sobre ela. A confiança poética descansa no fato de que se trata de uma linguagem vivencial e vivenciada. A pergunta é: desde quando e até que ponto? O para quem é um subentendido. "Para o bairro", responderia um equilibrista do coloquialismo como Washington Cucurto de *Hatuchay* (México: El Billar de Lucrecia, 2005). Isso quer dizer aproximadamente "para os caras como eu", "para os que vivem essa circunstância". Não há que esquecer que o bairro, enquanto locação sentimental, é para o exílio rotativo e global o que a família é para o Estado, uma espécie de segredo murmurado que Néstor Perlongher tão bem criticava em "Cadáveres" com a expressão "isto não sai daqui". E uma das tarefas inequívocas da poesia é, precisamente, "sair daqui", no duplo sentido da acepção: pertencer a este lugar, ser originária de, e na operação contrária: ir embora. De uma vez: ser originário do lugar para deixar o lugar. Exílio por todas as partes.

Dizer "fragmento" em relação à escritura poética também é, literalmente, dizer muito. Em geral entende-se fragmento por brevidade, enquanto quantidade expressiva, é claro: fragmento é coisa breve como a arte é *coisa mental*, quase por imperativo leonardesco. E não o é necessariamente. Fragmento é descontinuidade, interrupção, resto, buraco, poço, extrato, parte. E mímesis da escrita de algo de fora: universo em expansão, por exemplo. E acima, constelação, para Mallarmé. A escrita que está do que não está seria uma definição aproximada. Mas o fragmento luta com a definição. Em todo caso, e em especial para estes tempos: incompletude. Com a seguinte ambiguidade: não sabemos se não se realiza ou se deixou de ser, se vai ou vem. O que resta entre duas ausências. Mímesis de novo, agora da vida. Consigna deleuziana: "o que está no meio", *entre*. Parece um ato de liberdade escrever por fragmentos. Basta ter lido Beckett, Jabés, Leopard, Ungaretti e vários mestres da vanguarda, *Trilce* (1922) – essa é uma data histórica que se mostra um *desde quando* –, de César Vallejo, a Antonio Gamoneda, a Olvido García Valdés. Recentemente, a Marcos Canteli. Mas é um ato de estrita restrição:

> "Agora formigas minuteras
> entram edulcoradas, dormentes, quase nada
> dispostas, e inúteis
> queimadas pólvoras, auge de   1921"
> (Vallejo, *Trilce*)

> "Vi lavandas submersas em taça de pranto e a
> visão ardeu em mim."
> (Gamoneda, *Arden las pérdidas*)

> "[...] carece do dom da eloquência, não tem facilidade da palavra, escapam os nomes próprios no momento em que vai usá-los, com frequência também lhe faltam os comuns
>   a palavra foge por um furo
>   paralisada por um instante contempla esse buraco
>   a palavra que falta lhe aponta o lugar pelo qual
> se perde, direção do morto, do não eu"
> (García Valdés, *Libro de los líquenes o el decir*)

> "quisessem nylon
> as palavras – e aquele
> que o queimou? que a mim me queima"
> (Canteli, *Su sombrío*)

Nota-se a diferença na disposição da escrita citada nos casos de Ullán e Appratto, por uma parte – textos separados por um comentário, ao tratar o tema do coloquialismo poético –, e os textos seguintes, quando se aborda a questão do fragmento, citações sequenciadas e contíguas separadas pelo crédito do autor e o nome do livro. Autor e livro citados rompem a unidade do fragmento, uma boa demonstração do que seria uma "vertical fragmentada", quase um palimpsesto.
Há que *estar depois* para escrever fragmentariamente. Há que ter superado uma fase antagônica da escrita poética (vanguardas em sua significação de término ou de limite, histórica: não em sua fragilização museográfica da arte, em sua cristaleira que finalmente cristalizou à temperatura ambiente), da sociedade (derrubada de uma ordem anterior, fracasso da substituição, metáfora abortada ou incompleta) ou individual (uma crise à beira da morte, por exemplo). Esse último produziu o melhor livro de poesia latino-americana do último quarto do século XIX: *Hospital britânico* (1896), de Héctor Viel Temperley. Um livro armado por quantidades precisas de intensidade só pode ser escrito fragmentariamente. Outra característica do fragmento: intensidade. Diz Viel Temperley:

> Pavilhão Rosetto, longa esquina de verão, armadura de borboletas: Minha
> mãe veio ao céu para me visitar.
>
> Tenho a cabeça coberta. Permaneço no peito da Luz horas e horas. Sou feliz. Me tiraram do mundo.

Minha mãe é o riso, a liberdade, o verão.
A vinte quadras daqui jaz morrendo.
Aqui beija minha paz, vê seu filho transformado, se prepara – em Teu pranto –
Para começar tudo de novo.

Esse texto é dos poucos que na escrita poética latino-americana mais ou menos recente se parece ao duradouro – para não dizer: ao eterno –, ao que vencerá – é o que transmite a comoção que causa esse texto: previamente algo declara que vencerá o tempo, na medida, está claro, de nossas cada vez mais cingidas possibilidades de sustentabilidade – o tempo em uma operação artística precisamente fora do tempo: a arte dessa época não vence ao tempo. Sucumbe à sua precariedade como carta de triunfo, não poder ou desdém pelo impossível. Algo de Zurita também se parece ao duradouro: *Purgatorio* (1979). E na margem em frente, algo de Diego Maquieira, que atua como contradança a esse contratempo, uma épica depois da épica para impossibilitá-la no caso de querer propagar-se lastro, repetição já não crível: *Los Sea Harrier* (1993). A contrapelo de ambos, por um claro efeito de longa duração na recepção formal da radicalidade, mais que por sua capacidade esquizodelirante, a obra prima da segunda metade do século XX em poesia na América Latina: *La nueva novela* (1985), de Juan Luis Martínez. Há um *padecer pelo texto* no receptor do poema de Viel Temperley que capta o esforço de *suspensão* (espaço de dignidade poética) em que está situado o texto como construção de uma superação temporal que se sustenta em um padecimento individual. Esse espaço de *suspensão* está de tal modo delimitado que restringe significação a todo contexto que não está indiciado a partir do próprio texto: mínima contextualização, história sim, mas luta com o momento – não há texto mais fechado na lírica latino-americana do século XX –, o desvalimento individual em pugna com a imposição histórica que aceita o momento tanto quando se fecha em si mesmo como consciência de sua condição – a de momento – irrepetível. Jacques Derrida, em homenagem a Paul Celan, investiga esse uso em "Schibboleth, para Paul Celan" (1986), que é a grande homenagem a Paul Celan e o melhor da escritura devocional de Jacques Derrida.

Um desses livros dos quais o leitor diz: "há que escrever um livro assim", como se o livro não estivesse escrito, como se o dever, o imperativo fosse escrevê-lo alguma vez, no tempo, prova inequívoca do triunfo da escrita: gerar no leitor o desejo de ser escrita, como disse Viel Temperley, "para começar tudo de novo".

Nota 1
Não é uma poética, pois ética, para mim, é fazer/falar poesia.

Nota 2
Robert Thompson, ao comentar a abordagem de Hollywood ao *11-S:* "Haverá muitas coisas magistrais" que não serão muito boas. Mas pode ocorrer que surja uma obra.

ESTA POESIA LATINO-AMERICANA

A Carlos Pardo

Se há um sentido histórico na poesia que se escreve na América Latina hoje é o da transformação. Pode-se argumentar o contrário: o sentido atual da poesia latino-americana é o da conservação. A primeira proposta se sustenta no convencimento por consciência de que a característica da poesia moderna é a da transformação, a mobilidade, a mudança face a uma presença histórica que a reivindica para que esteja "à altura do tempo". Isso é um condicionante histórico para a poesia. A contra-argumentação encontra sua base de justificativa na crença de que a poesia é uma entidade estável, essencialmente estável. Só um argumento comprovado é válido para justificar o começo de uma reflexão sobre a poesia latino-americana atual nesses termos: a coexistência de vários modos de produção poéticos que coabitam sem explicação e aparentemente sem perturbação em nossa poesia. Será verdadeira essa fraternidade vicinal? É sintomática de algo assim como uma tolerância formal que esquece toda discórdia surgida por diferenças meramente "de apresentação" dos objetos poéticos? O que ilustraria essa nova postura "sem discussão" sobre os fenômenos poéticos "de fato"? Não se trata, é óbvio, de negar o que existe para impor uma possibilidade alternativa, uma *possibilidade outra* que não aparece em circulação e que existe em algum lado, algo que formal-conceitualmente pudesse rebater o fenômeno de fato a partir da localização de uma espécie de *utopia em conserva*, não um resto, mas uma continuidade paralela do que alguma vez foi bem pensado e não aparece porque não aparece – assim de ressonância misteriosa seu ocultamento –, quer dizer, e já menos à sombra, porque ainda não chegou seu momento de aparição. Não acho, no entanto, que essa jubilosa oportunidade de atraso expectante realmente exista. Não nesta época: um momento histórico onde o que pode aparecer aparece sem hesitação, sem deixar nada para depois, e gasta seu capital não no voo: no vazio do voo que agita no ar uma borboleta que acaba de passar. Se trataria, pelo contrário – e nisso penso neste texto –, de repor certas problemáticas de base para a percepção mais justa de nossa poesia, aquela que é capaz de reconhecer neste momento poético-histórico um certo desajuste em relação a seu próprio devir ou, com menos arrogância, algumas razões do baixo nível estético nos produtos poéticos que são escritos de uns vinte anos para cá, "baixo" considerando assim o conceito em relação à produção poética latino-americana que se leva a cabo até o início da década de oitenta do século XX. Algumas problemáticas seriam: 1) a negação e a recusa por parte de amplas zonas da poesia latino-americana de motivos e práticas relacionadas a tudo aquilo que se denomine ou se coloque sob o peso histórico-estético da ideia de *vanguarda*; 2) a negação na prática desse momento substancial para a arte do século XX – sem o qual é impossível formular uma discussão mais ou menos séria da arte e seus gêneros –, que ganha peso em seu passo seguinte: a reabsorção de um passado poético não conflitivo nem para a arte, nem para a poesia, como tábua de salvação diante da "ruína da arte"; 3) a assimilação desse duplo movimento, negativo e de reabsorção, de certos parâmetros mais amplos de questionamento da ideia de modernidade estética, como a necessidade de uma arte transformadora em relação à tradição, questão especialmente difícil em sua concepção, já que reenvia a discussão ao terreno hegeliano-ocidental de pertencimento da arte ou, mais especificamente, da *morte da arte*, considerada a partir de sua inoperância moderna; 4) a consideração altamente necessária, a meu modo de ver, de uma década de desdobramento em meio ao século XX – correspondente aos anos cinquenta – como uma década de *redistribuição das energias poéticas* em jogo durante a primeira parte do século, mas também nas décadas seguintes.

1) Sentido de uma recusa

A ideia de vanguarda artística não é uma ideia isolada. Comporta uma ideia maior, que a circunscreve: a ideia de mudança, de transformação social. Ao não suceder no social, a arte de vanguarda entra em contradição com os ideais de transformação que lhe deram origem: é uma arte nova para um tempo "velho", uma arte revolucionária para um homem sem mudança revolucionária. Pode-se discutir aqui o tema em relação à arte de vanguarda soviética nos primeiros anos da Revolução de Outubro. Mas com a ascensão de Stálin se extingue toda discussão. A contradição se soma ao paradoxo que representam, em sua ideia, esses repertórios artísticos que dão um giro na ordem da arte tradicional. São formas que surgem de um fundo niilista-finalista do século XIX a partir da pergunta "pela verdade" da arte, uma pergunta que só tem explicação a partir da existência do Iluminismo europeu. A arte de vanguarda leva ao limite a noção de arte moderna que tinha um pé na tradição. Se uma arte nova, que se ajusta ao presente por negação de uma arte anterior, tradicional ou "velha", é capaz de coexistir com essa arte que nega, só poderá fazê-lo no âmbito de um museu ou de uma instituição colocada sobre a própria arte que reificará a totalidade artística sob o mesmo signo. Ou no seio de uma sociedade, a ocidental, que tenha abandonado a ideia de definir-se, como na modernidade do século XIX, pela arte que vive, produz e consome. Ou, coisa pouco provável, abandonando a noção do "novo" como pedra de toque para a articulação da modernidade e seus devires. A arte de vanguarda padece, depois do encerramento simbólico do ciclo vanguardista ao redor de 1930, de uma recusa de intensidade parecida, mas de diferente signo, tanto de seus antigos sectários quanto de seus inimigos tradicionais. Os primeiros, por um desencanto ao que a prática vanguardista leva em si como esgotamento de processos criativos de busca. Não só os processos: os léxicos, a ideologia, o destino dessa arte e sua posição frente ao social entram em crise. Do lado da recepção, não é pouco frequente encontrar os lugares onde triunfa a auréola do renegado. Do lado em frente, a "confirmação" da vanguarda como "mal momento" da arte ocidental, tipo de consolidação conservadora na tradição pré-vanguardista – negando ou aceitando ainda a ideia de modernidade na arte, que não deve ser confundida com a prática da vanguarda que enfrenta em seu momento crítico-climático a ideologia moderna. A partir do ângulo da poesia, a verificação de que a revolução formal da vanguarda sem revolução social acaba em perda de sentido coloca uma interrogação devastadora sobre a pertinência das distintas transformações na sintaxe, na temática, no geral, e alcança seu coração na ideia de que a vanguarda literária põe a perder o que se ganhou em séculos de construção formal – digamos, desde o Renascimento. Mas o mais forte é o que concerne ao nível do sentido. Descobre-se a fonte de perguntas: para que uma poesia que rompa com a ideia de transcendência? Para que uma poesia que aceite a insignificância? Para que uma poesia que privilegie a forma sobre o que transmite? Esses são argumentos de recusa encobertos como questionamentos. Mas o que realmente se recusa é algo mais drástico e profundo: a negação do sentido por parte da vanguarda, base da sujeição do indivíduo e dos agrupamentos à órbita de uma prática de poder como domínio. O dizer poético posto em dúvida pela vanguarda é inaceitável aos olhos dos oficiantes da recusa. É inaceitável porque a poesia, sucedânea secularizada de uma designação religiosa, é para a consequência da recusa uma afirmação e ponto. Ainda vivemos espaços de certeza não só quanto ao que a poesia é, mas quanto ao que deve ser, o que não varia muito com o tempo histórico: para essa posição a poesia sempre é igual a si mesma. E a contradição apresentada é a seguinte: a poesia permanece sempre idêntica a si mesma ainda que sua forma mude. Como viram Jorge Luis Borges e José Ángel Valente, a definição estável do que a poesia resulta na prática é aquela sentença aforística de Angelus Silesius: "(a rosa) é sem porquê. Floresce porque floresce".[1] A identidade em si mesma do signo poético ocupa o lugar da Criação de

Deus, apareça onde apareça e sob a forma que seja. Aprofundar esse tema nos levaria à problemática que expõe o romantismo alemão que se cifra na pergunta de Hölderlin: "E para que poesia em um tempo de penúria?" Ou, em sua outra vertente: "E para que poesia em um tempo sem deuses?" A pergunta de Hölderlin certifica em sua forma e em seu conteúdo a passagem da poesia como afirmação à poesia como dúvida, instabilidade e sentido aleatório.

2) Mito do passado aurático
A recusa da poesia de vanguarda tem modos distintos. A partir de uma ótica da poesia tradicional, *Trilce* (1922), livro capital da primeira vanguarda latino-americana, pode ser recusado como articulação poética do texto, ou seja, como o que está ocorrendo aí, no livro; recusa ao que aí mesmo é chamado "poesia". Não implica uma recusa à *concepção poética* subjacente no texto. Recusa-se a práxis poética momentânea desse falante que arma o texto, não necessariamente a teoria. Nem necessariamente se recusa a César Vallejo, muito menos ao Vallejo desse momento, que irá se curar perante o leitor, mais adiante, com *Poemas humanos* (1939). Não implica uma recusa à concepção teórica porque a arte é, do ponto de vista da recepção, recusada ou aceita "em objeto", ou seja, a coisa que está aí, não quanto ao significado teórico ou à concepção artística que representa. Isso é importante porque aponta

uma contracorrente vital para a questão que nos ocupa: o problema teórico que a vanguarda sustenta, e sem o qual nada é possível em um debate sério. É uma prática insistente da modernidade pós-iluminista o contar com o discurso teórico como recurso de inteligibilidade da obra de arte. Não é uma prática consubstancial à arte clássica, por exemplo, nem à renascentista. O discurso teórico, obviamente, não melhora a obra. No caso das obras que se amparam em um discurso teórico para sobreviver é só dar tempo ao tempo para vê-las cair fora da noção de obra como mundo fechado, como representação autoabastecida. O conceito de obra aberta de Umberto Eco[2] pode dar lugar para o discurso em sua própria abertura. Mas implica uma noção oposta à de obra: se trataria de uma inconclusão da obra cujo final seria imprescindível ou pelo menos não único: em geral as "obras abertas" propõem vários finais. O que se localiza como problema nessa noção próxima a uma "antiobra" que expõe a obra aberta é o conceito de arbitrariedade da arte, ou seja, a de-construção da ideia de obra como algo designado, único objeto possível em um universo de possibilidades, nenhuma das quais se ajusta ou se adapta à verdadeira forma que foi eleita. Essa *fatalidade da forma justa* é o que subjaz ideologicamente por trás dos argumentos de recusa à arte de vanguarda – arbitrário, paradoxal, não unívoco em sua formalização, de finalidade duvidosa ou destino incerto –, e é ideológico, isto é, aplicado como verdadeiro em uma realidade falsa, porque implica uma noção que ciclicamente retoma sua aura no Ocidente, a noção de tempo, e, em meio a ela, a grande aurática depois da queda das certezas do futuro: o passado. O viés ideológico que tinha a recusa histórica das vanguardas – após a tentativa de encerramento do seu ciclo nos anos trinta –, que se produz quase de imediato à sua operatividade eufórica e, à medida que declina, ficará marcado como apoteose depois da verdadeira queda, não da arte: da "grande promessa" do socialismo soviético. A tensão lançada em direção ao futuro não se recolhe exatamente em sua própria intensidade de inversão. Basta que se dilate o tempo apostado no futuro. Em efeito de concentricidade o espaço adjacente se dilata e o rompimento da flecha futura se transforma na habilitação de todos os espaços, na criação de um mesmo âmbito de convergência. Essa fantasia de atemporalidade, de "tudo está aqui", se produz pela confrontação entre um imaginário desejante de "consolo" diante do fracasso desse futuro auspicioso da transformação (contra a qual muitos dos desconsolados podem ter perdido o melhor de sua vida combatendo) e da realidade de um presente que não produz muita perspectiva real nem para os que aprendem a viver o tempo caótico do presente sem alternativa. A ruptura do equilíbrio bipolar não elimina um polo: concentra seus efeitos como contradição no polo restante, que deverá ser resolvida para ser integrada como parte de sua engrenagem e como parte constitutiva de seu próprio devir. O passado, então, esse passado aurático que atrai a poesia aurática que o desconsolo pela perda de futuro foi buscar, adquire uma dimensão fictícia e ilusória. Pretende-se revivê-lo através de uma revalorização (culposa, pelo demais, na medida em que o pacote da tradição e do passado entravam em questionamento no momento climático moderno) de sua produção simbólica (é a arte – ou melhor dizendo: *a visão estética do passado* o que a recarrega de força) que vem jogar como força estabilizadora do presente frio, que entrega a vivência de um mundo sem esperança de transformação. Só a estetização do passado torna possível compreender como uma recusa de uma arte – ou de uma antiarte – que está se (des)construindo diante do receptor conduz à revalorização de uma arte já vivida. Essa arte já vivida – a arte clássica, a arte barroca, a arte moderna até sua crise – se torna "a arte verdadeira" (verdadeira em relação à arte do presente em estado de convulsão), porque no retorno adquiriu (ou readquiriu) a dimensão de dois ou três valores-chave para a arte tradicional: a duração no tempo, a capacidade de transcendência, o símbolo conseguido de um diálogo entre homem e eternidade, três vetores de um idealismo filosófico que volta à cena com sua figura predileta, o mito. Chegando a esse ponto, caberia perguntar: quanto é possível o retorno do mito? E a resposta não está no discurso, mas nas livrarias, abarrotadas de uma multiprodução de livros sobre mito. Há que apontar que essa nostalgia do mito revivida como se pode (ou seja: mediante uma hiperprodução de discursos e objetos relativos ao mito) comporta o mesmo desejo de verdade que a poesia que ficou no umbral do século XX, no momento anterior à vanguarda e sua investida dissolutiva. No entanto, o que constitui a arte de vanguarda enquanto projeto de transformação começa, precisamente, pela pergunta "sobre a verdade" de e na arte. O mito não admite a pergunta pela verdade. O mito só admite sua aceitação como discurso. Sua capacidade de sobrevivência atua sob o imperativo da positividade. Alain Badiou explica essa precipitação característica do século XX precisamente pelo que ele chama "paixão do real".[3] A "paixão do real" é para Badiou a necessidade do homem do século XX de extremar sua relação com a própria matéria do acontecimento, como se o vivido no século XIX tivesse levado a uma situação de ânsia de extremos, de ansiedade de matéria e de acontecimento, uma necessidade de concretizar o pensado e imaginado no século anterior até o limite. A vontade de remitologização e a estetização do passado que se produzem ao cair a projeção futura de uma transformação na ordem social representariam, por sua vez, um distanciamento desse desejo de limite do homem do século XX, uma fuga do extremo, um apagão dessa "paixão pelo real". O que levaria à suspeita de se ambos envios – mito e passado estetizado – não respondem a uma saturação produzida no homem por seu contato tão próximo com a verdade da realidade. Mito e estética são mediações. O que teria acontecido desde o século XIX que alcançou profundidade no XX é uma ausência de figuras de mediação, um vazio de mediações. A necessidade de carregar o passado com uma aura nova – operação certamente muito improvável – na aliança com um presente que não pode rejeitar seu destino de novidade configuraria a operação geradora de uma nova mediação.

3) Como a recusa à vanguarda questiona a modernidade artística

A encenação da crise – ou contradição, ou ruptura – que as vanguardas estético-históricas levam a cabo provém de um devir artístico-estético propriamente moderno em seu modo de articulação. A poesia do século XIX, especialmente certo romantismo – o alemão, sem dúvidas, e o inglês – e os poetas simbolistas, são a pedra de toque de uma dinâmica de sucessivas rupturas que não irão se deter. Para não insistir no que já se sabe e correndo o risco de cansar, podemos nos limitar a dizer que o horizonte consumidor de arte do século XIX está posto em xeque – o horizonte *burguês* consumidor de arte, é preciso dizer, porque onde os movimentos trabalhistas estão em articulação plena a burguesia ocupa, sem dúvidas, o domínio dos espaços de produção e de exercício do poder institucional. E também ocupa os espaços de demanda e consumo de arte. Seja qual for a forma eleita para suas obras, os poetas românticos têm também como objetivo permanente a crítica ao pensamento e ao modo de vida burgueses. Hölderlin pode, ao mesmo tempo, ser um revolucionário (isto é, alguém que assume os ideais jacobinos da Revolução Francesa), um idealista pro-clássico defensor de um novo reino mitológico e antiburguês. Em seguida, alguns elos da corrente que mudam o registro funcional da arte e que permitem falar de seu fim. Para a consciência e os cinco sentidos da burguesia se criava arte, e a crise da arte se produz no momento em que o artista recusa esse vínculo. E no momento em que recusa esse vínculo sua arte o ressente em plena forma e conteúdo. E nesse ressentimento a arte esgota sua possibilidade última. Em um mundo europeu no qual o niilismo se torna potente (Hölderlin sintetizou isso na seguinte pergunta de sua elegia "Pão e vinho": "Para que poesia em tempos sem deuses"),[4] em plena euforia industrial, com a burguesia na mira dos movimentos trabalhistas e com a consciência infeliz dos artistas – Rimbaud e Mallarmé de modo nítido levam a crise de consciência pessoal de um tipo à crise de consciência poética de toda uma época –, fala-se de "fim" ou de "morte da arte". Nesse conceito central da estética do século XIX conjuga-se a problemática estética da modernidade pós-iluminista e se abre o horizonte para a aparição das vanguardas estético-históricas das primeiras décadas do século XX. É um conceito suficientemente amplo que permite alcances mais gerais que os propriamente artísticos. O conceito de "morte da arte" não pode ter outra possibilidade efetiva de operatividade que a de uma revolução na produção social e na consciência humana. O homem – o homem moderno, para ser bem claro – não pode deixar de reconhecer-se em sua própria produção simbólica. A arte é sua garantia de humanidade. A metáfora dessa garantia, dessa identidade, alcançaria sua dimensão efetiva em uma grande transformação social. "Dissolver a arte na práxis social",[5] a grande tese dos movimentos de vanguarda estético-históricos segundo Burger, quer dizer isso: a possibilidade articulada em uma transformação radical de viver a arte na dinâmica social e já não criar arte para consumo à parte da consciência individual. De modo que a concepção de um "fim da arte" é o começo de uma nova era, o despontar de um novo homem. A análise dessa responsabilidade contraída com o futuro por grande parte da arte e do pensamento ocidentais é uma das poucas coisas que pode lançar alguma luz sobre a situação sobrevivente da arte atual. Se o último grande relato filosófico total, o idealismo alemão hegeliano, aponta uma arte que raia o seu fim, só um pragmatismo sem destino como o que vive a humanidade atual pode fazer ouvido surdo a tal advertência – que, mais que uma aniquilação da ideia de arte no Ocidente, parece ser a exigência de sua encenação de crise e o reconhecimento, na própria arte, dessa crise – e habilitar a existência múltipla de repertórios artísticos com o mesmo valor e sentido. A multiplicidade de repertórios interatuando cria a ilusão de um estado inigualável de saúde artística. A multiplicidade atua como o grande antídoto contra essa "morte da arte" – que é, também, utilizada como álibi para a hiperprodução. Não só, em efeito, é comprovável a quantidade de repertórios habilitados para a produção de arte. Também é notável a quantidade de obras produzidas. Há que buscar pelo lado da necessidade de um comércio voraz, de uma devastadora oferta de material artístico e da geração da necessidade de consumo indiscriminada e acrítica, a explicação da coexistência formal que existe na arte atual. O mundo que goza a arte o faz como se gozasse o fim do mundo. O esquecimento produzido na consciência das multidões atuais não permite nem sequer alguma palpitação nostálgica. E os discursos sociais alternativos ao estado do mundo atual reenviam o discurso filosófico hegeliano-idealista do século XIX, uma das origens teóricas das vanguardas via o conceito de "morte da arte", a uma simples colocação geográfico-civilizatória: o assinalamento do discurso crítico da arte como "eurocêntrico" – e, portanto, "dominante" –, longe de esclarecer o problema ou contribuir para sua melhor compreensão, não possibilita mais que uma virada de página na problemática estético-artística de uma civilização. A pergunta que pesa sobre a cabeça de toda obra de arte atual é: pode a arte viver sem memória do seu próprio devir? A poesia pareceria escapar da pergunta porque a palavra tem sido comprometida com a memória à margem do seu estatuto criativo como linguagem.

Cria-se então um paradoxo no simples fato de escrever poesia, que oficia como ato de suficiência ética e estética: a palavra repõe uma e outra vez a memória excluída e a beleza do mundo. *Como se aqui não tivesse acontecido nada.* Quando na realidade aconteceu – e continua acontecendo – de tudo.

Não se escapa da mentalidade totalitária de princípios do século XX traduzindo, a princípios do século XXI, *totalidade* por *multiplicidade*. Sobretudo quando na prática bélica e na ideologia dominante do sistema atual a ameaça das guerras totais latentes se individualizam em casos concretos para voltar, depois, como ameaça da totalidade da guerra.

De modo muito parecido a como a arte atua: cada obra concreta se legitima porque se sabe protegida por uma única legitimação geral. A ação da multiplicidade como dinâmica não excludente é o álibi para inabilitar qualquer ação crítica tanto particular – em cada obra – como em geral, na concepção da arte que está em jogo.

4) Homenagem à metade do século XX

Poemas y antipoemas, de Nicanor Parra, o movimento da poesia concreta no Brasil, *La insurrección solitaria*, de Carlos Martínez Rivas, *En la masmédula*, de Oliverio Girondo: aí estão quatro acontecimentos produzidos na década de 1950 que permitem falar de uma redistribuição da energia poética na América Latina. Em outros lugares escrevi sobre esses quatro acontecimentos poéticos da metade do século XX na América Latina. Sobre a experiência de Nicanor Parra, é preciso ressaltar que nenhum outro acontecimento tem, no âmbito hispânico de língua castelhana, a relevância da *antipoesia*. Por uma simples razão: a antipoesia de Parra joga nos dois times ou na contradição poética. Por um lado, questiona profundamente o legado das vanguardas estético-históricas por considerá-lo desprendido do que é o destinatário natural – teria que se dizer social e individual – da arte e da poesia: o homem comum, o habitual "homem das ruas". Por outro lado, ataca o mesmo inimigo que as vanguardas – isto é, participa do mesmo alvo crítico que as vanguardas estético-históricas –: o burguês, o homem que cultiva a arte como aposta sublime e transcendente que o afasta da realidade e que por isso demanda da arte uma espécie de consolo, uma metáfora, uma substituição que lhe outorgue um *plus* auratizado de existência em outro lugar simbólico, um lugar simbólico-ideal. A crítica de Parra, assim como a crítica das vanguardas, é a arte e a sua recepção como cúmplices de um processo conjunto de alienação. É a alienação vivida como instância contrária, salvadora, o que impede a consciência da própria alienação e a possibilidade de superá-la. Tanto as vanguardas quanto Parra continuam as ressonâncias do discurso hegeliano: a arte tal como a concebemos é uma aposta esgotada e esgotante que já deu tudo de si. Já não cumpre com uma função desalienante, mas, ao contrário, contribui para o ensimesmamento do consumidor e do artista, ambos separados de um processo civilizatório ao qual a arte esteve desde sempre destinada. Em *La insurrección solitaria*, Carlos Martínez Rivas, ao referir-se a essa busca alienante do consumidor de arte, chama-a de "holocausto de si mesma". A resposta do poeta, para Martínez Rivas, é a recusa à obra, a entregar o produto artístico desse gozo que necessita o consumidor de arte (neste caso, o leitor de poesia). A postura pode ser ainda algo do século dezenove: há ecos ali de Baudelaire no célebre "hipócrita leitor" – um apontamento à recepção como nunca havia contemplado a poesia ocidental –, concebido já a essa altura sem complacência e com absoluta dureza. A "hipocrisia" aludida por Baudelaire é a mesma "disfunção" que aponta Hegel para diagnosticar um "fim da arte": sua inoperância em um ritual que não cumpre com sua funcionalidade ao mesmo tempo liberadora e afiançadora de uma prática necessária para o espírito. E ainda que a *contradição em ato* – recusa fazer a obra e, ao recusar, o ato a desenvolve – de Martínez Rivas indique já uma duração polêmica – o que deveria ser polêmica e no entanto não o foi (é): por que não é uma continuidade crítica a duração atual da prática poética? –, bastante distinta é a proposta de Nicanor

Parra: não voltar a nenhuma parte, mas fazer emergir a linguagem do homem comum para construir uma poesia afim a esse mesmo homem, que lhe proporcione elementos necessários para sua própria vida. Para isso há que fazer uma dura operação de deslastre: jogar pela borda toda essa poesia afastada, tanto na linguagem quanto em concretude da realidade que se vive e que em vez de liberar o homem o aliena no inexistente. Há que notar aqui que, por outro paradoxo, a recusa de Parra é a uma poesia do XIX cuja frialdade simbólica a conduziu à criação de "paraísos artificiais" fora de toda possibilidade de realidade, mas que – aqui há que pensar em Mallarmé –, por sua própria necessidade de sobrevivência, precisa "purificar as palavras da tribo", um gesto que, no próprio aceno inclusivo de sua busca, coletiviza a proposta: o desejo é o do puro, mas do puro coletivo, tribal. Toda linguagem deve ser purificada, quer dizer, todo o sentido deve ser colocado à prova, uma prova que passa por seu estar em crise. Com exceção de uma transformação radical, como a proposta pelos românticos ingleses e alemães, a linguagem da poesia ocidental tinha se tornado eco da própria decadência espiritual de seu falante, esse "homem que declina" com o crepúsculo do século XIX e se prepara para um renascimento. O renascimento do homem passará para as vanguardas pela dissolução da arte na prática social. Para Parra, pelo *ato de falar de novo*, o que não implica dizer tudo de novo ou começar do zero, mas simplesmente – e dificilmente – mudar a forma de falar. Lançada em um infinito *pre*, José Ángel Valente buscava na última etapa de sua obra uma palavra anterior, sempre anterior, a nenhum acontecimento ou herança histórica precisos, mas sempre anterior, situada no ato da anterioridade, nucleada aí, destentada de ser rodeada de fonte clara, pre-píos, proto-pássaros ou árvores-incipit: a "antipalavra". O conceito tinha sido encontrado por Valente na experiência da fala dos místicos, essas crianças loucas, derrubadores de certezas sem fingimento possível. A "antipalavra" não foi encontrada – isto é: localizada – nunca, razão de sua sobrevivência e de nossa busca sempre latente. A poesia concreta brasileira propõe um objeto poético criado com base na síntese – o abandono do adjetivo e adverbial – da linguagem: um poema descarnado, sem sentimento, mas com a inteligência depurada para suportar sua ausência, sobretudo quando o sentimento deixa de ser afeto para transformar-se em um derrame autovitimatório de pranto pelo ritual fracassado – o ritual coletivo ou o individual. Segue a linha hegeliana da supraconsciência da linguagem, uma linguagem poética que não nega, mas que aceita sua dimensão gráfica e sonora a par de sua semântica, privilegiada pela razão ocidental quando interfere na poesia. Não é dadá – o não-sentido devastador de dadá que não deixa de jogar e põe o dedo na chaga do jogo –: é superdadá, metadadá, o grande objeto que, mais que por adição, se faz por subtração. Não só lhe sobra a arte senão que sobra arte (em poesia, em geral): há que restar. E, no entanto, o procedimento é resto, não uma poética do resto. Não se trabalha com sobras – que é a assunção do que ficou, o pudor e o respeito ao que há de caro a tanta carência –, mas com invenção, a *sina trágica* de uma humanidade que, na modernidade, encontra seu sentido no novo ou nada tem sentido. A poesia concreta quer o novo poema como o queria até o final de sua vida Vicente Huidobro, em carta a Juan Larrea: "O novo ser nascerá, aparecerá a nova poesia, soprará em um grande furacão e então se verá quão morto estava o morto". As imagens climato-anímicas próprias de um messianismo apocalíptico não abandonam a Huidobro, que prognosticou em *Altazor* a realidade sem religião do novo homem. Na década de 1950 se reaquecem os motores do novo. Ensino sem réplica racional: o poema é linguagem. O que não diz a poesia concreta é quanta subjetividade contém esse objeto de palavras que não renuncia – como as vanguardas da primeira parte do século XX – ao "objeto de arte", mas que o reduz à sua essência. Novamente o problema se apresenta entre originalidade – criação, inovação – e o que pode ficar. Com tanta intensidade, como o poema desejado por Parra em seu retorno à fala comum, o poema concreto retorna à invenção que não desagrada o consumo midiático de uma civilização midiatizada. Ajuste de contas com a História com maiúscula, com a história (com minúscula) da poesia e com a técnica – e com a técnica desse poema-objeto-artefato –, o poema concreto é a grande contradição vanguardista no seio da vanguarda. O nada de dadá adquire aqui um ritmo dialético: se positiviza, reconhece o mundo da tecnologia de ponta como o único mundo existente, não trabalha senão para uma utopia tecnologicamente apta. Da medida dessa aspiração foi a recusa: a poesia de ancoragem tradicional viu na poesia concreta o verdadeiro "fim da poesia". Ou seja: Hegel completo fechando o círculo. Sem razão utópica alguma, Oliverio Girondo faz o argumento restritivo das vanguardas históricas na metade do século XX. Ao invés de dar um salto, como no caso concreto, na direção de um mundo tecnologicamente aberto e localizar nesse âmbito um poema capaz de sustentar uma funcionalidade clara e confiável, ao mesmo tempo que não lembre senão pelo desígnio de Ezra Pound do "*make it new*" o glorioso passado poético ocidental que, como o adjetivo, quando não dá vida, mata, ou seja, que esmaga, Oliverio Girondo salta para dentro do poema. *En la masmédula* é um desafio da vanguarda, na medida em que comporta uma interiorização do poema, uma viagem ao centro de si mesmo. Mas: se a vanguarda é, em algum caso, a "morte da interioridade",[6] *En la másmédula* esclarece essa morte na linha do Huidobro de *Altazor* como um renascer do poema ao contato com sua essência, que seu nome indica: mais medula é a medula mais, é outra volta – a última talvez – da medula, já sem medo da dissolução do corpo. Girondo abre a chave do poema para dentro quando o poema de vanguarda pretendia abrir o mundo através do poema – *o poema-fora* – em uma ambiciosa e falida – salvo em casos como os do próprio Pound de *The Cantos*, ou boa parte da poesia de William Carlos Williams e na subsequente pragmática da vanguarda encarnada na *visão* poética norte-americana – operação de suspeita "objetividade".

Dos quatro exemplos que designei como "acontecimentos" da poesia latino-americana da década de 1950 partem linhas de força que serão guias até o momento presente para toda a busca poética não relutante à invenção, mas sim ao reingresso culposo em uma ideia de tradição como repetição de repertórios e paralisias de consciência crítica. Não são as únicas – não, sobretudo, quando se ativa o chocalho poético do presente e se verifica as outras origens das variáveis da redundância que oficiam hoje como novidade da forma poética –: são, para mim, as mais importantes, as que implicam uma meditação profunda sobre a realidade da poesia latino-americana de agora.

...E o agora que conta

Entrecruzam-se no presente vários relatos sobre o significado poético latino-americano, sobre suas poéticas, sobre seu passado. Pouco vaticínio futuro porque o próprio questionamento é considerado em geral pouco mais que impertinente. Esse é o triunfo do dado de fato sobre a consciência do fato. Triunfo, também, da produção sobre a crítica da produção. O conformismo consiste no seguinte: há que saber-se melhor na pluralidade que na perturbação que ameaça excluir. Salvo exceções, o erro do presente – como quando, na bifurcação temporal, em vez de se tomar o caminho da montanha se toma o caminho do mar, que tudo dissolve – é que a prática poética de agora é uma prática conforme o estado de coisas poético, que reage com um estranho pudor diante do estado de coisas do mundo. Interessante é comprovar como – apesar das distintas negações dos fatos que se encarregam de praticar tanto poetas canonizados quanto recém-saídos ao ar – a dependência da poesia atual da realidade do presente histórico é tão determinante. Como se a realidade do mundo tivesse sido ajustada, pela primeira vez em quase um século – nenhuma analogia é válida do ponto da realidade atual com os anos da Primeira e Segunda guerras mundiais –, à necessidade da poesia, e o mundo poético tivesse entrado em um interminável e altamente produtivo impasse. Uma marca inequívoca que contraria os pressupostos de responsabilidade com os quais se orienta o mundo intelectual atual quanto a direitos e obrigações – disso, ao menos, se gabam alguns pensadores europeus não muito fortes como Lipovetsky, Bruckner ou Glucksmann –, marca que constitui todo tipo de pressupostos, mas sobretudo um, fundamental: o ético. Nele, a ética figura como uma espécie de chantagem altamente "comovedora", que nos assemelha diante da realidade do terrorismo e da desaparição do urso polar, ao mesmo tempo, e não parece afetar a produção intelectual latino-americana e, dentro desta, à práxis poética que duvida entre estar – como nos velhos tempos de Paul Verlaine – dentro ou fora da literatura. Esta ética, que substitui naqueles pensadores uma opção ideológica – como nos "velhos tempos" de cinquenta anos atrás: a queda do muro de Berlim nos colocou em um presente de livre circulação aparente e de falsa e indignante realidade, mas, sem dúvida, afastou o tempo histórico de certos acontecimentos com a velocidade de um pesadelo que se afasta diante da iminência de um raio vir pela janela – na América Latina brilha por sua ausência. Esta é uma figura: o resplendor do que não está, o grilo que foi embora e deixou em seu lugar a fosforescência de sua passagem, o momento anterior cheio de sol da tartaruga, o retiro à sombra de muitas costas –, um brilho notavelmente latino-americano onde a ausência é a rainha da superpopulação. A que nos adaptamos? A um caos de quarto ou quinto grau, com a promessa de um dia alcançar o primeiro. Daí que o pensamento, em um passe de pudor mágico onde desaparece a lona do circo e o público todo, deixa de atuar, subreptícia e cautelosamente. Não há nenhum mal em fazer antologias que se aproximem o máximo possível das produções poéticas de autores com menos de trinta anos. Depende de quem faz o trabalho e do quanto investe de si mesmo na aventura. Neste "primeiro plano" temporal da antologia, nessa aproximação, quase, à gênese de uma vocação, momento em que o poema duvida entre nascer e não nascer, mas que ainda nessa incerta articulação já se pergunta para que, não há uma busca da precocidade que lance garantia de legitimidade à espécie. Rimbaud já não há. E isso é definitivo. O que há são levantamentos de área para comprovar dados de fato. O que se esconde aí é uma obscura esperança e não uma clara espera: a de que o nível da produção evidencie uma qualidade de realização que faça valer o deslocamento da viagem. Uma qualidade de realização *média*. É a *média* o que indica que estamos no presente, pela mesma posição do tempo. É o que me parece o ponto central para uma consideração da poesia que se escreve hoje: qual é sua relação com essa *média*, que o que faz é alargar seu âmbito de tolerância e o espaço para seus produtos, como se todo excesso, toda transgressão fosse questão de espaço: há ou não há lugar para o esbanjamento, para o gasto, para as novas dores e para a confissão que – agora sim – jogará a última casca de tabu no chão. Trata-se de um problema de posição, de localização, não um problema de valor, muito menos de legitimidade. Isso explica a singular "tolerância" – que nada mais é que um deixar fazer com mira a uma maior possibilidade de mercado de produtos culturais – com que circulam as distintas e opostas poéticas na poesia latino-americana. Nunca fica claro – como ficava nas produções dos poetas nascidos nas décadas de 1950 ou 1960 – quais são as diferenças de propostas, de atitude diante da poesia e de construção do poema. E não fica claro porque, do mesmo modo que há presente, não há horizonte para essas produções. Se o nível poético de autores jovens como Luis Felipe Fabre, Antonio Ochoa, Hugo García Manríquez ou Nicolás Alberte *significa* na poesia recente da América Latina, não é pelo fato de que haja certa regularidade de juízo estético atribuídas a eles. Sua circulação os autoriza a ocupar um espaço indiferenciado junto a outros. E a razão erra novamente: não é porque circulam bem ou porque há lugar para todos que têm uma posição especial e significante na poesia atual, mas porque são propositivos e porque não fazem poesia de acompanhamento industrial. Não estão aí para justificar pressupostos nem investimentos de produção. A obra de um poeta não justifica nada. O erro não diz respeito aos poetas – na medida em que não podem ser valorizados pelo que não fazem –: a falha é reponsabilidade de uma crítica corrupta que medra com seus instrumentos postos a serviço de uma ordem inamovível – inamovível porque as alternativas ao poder têm a mesma noção cultural que a ordem dominante –, uma crítica cuja degradação se tornou paradoxal: uma crítica que não é crítica. A situação não é a mesma em toda América Latina. No México é especialmente presente esse tipo de desgaste; não é assim na Argentina nem no Brasil, para dar exemplos claros. O que preocupa não é o colapso conjuntural do pensamento. Há quem preveja – Steiner, por exemplo – piores momentos para esse velho hábito que dignificou em vários momentos históricos o homem – em uma geografia humana repleta de ameaças, carências e atrasos como a latino-americana. O que desarticula é ver a poesia latino-americana que se escreve desde algumas décadas circular sem valorização crítica e em mãos de um leitor que confunde uma escrita com outra porque já tinha confundido, em outro momento não muito distante, um pensamento com outro pensamento. Não é o acaso o que definiu situações: há interesses – que na prática são desinteresses – para que nada mude de lugar em termos culturais. Nossas culturas – e a poesia há muitos anos na América Latina entrou nesse jogo – herdam a eternidade, mas não se discutem o presente. As obras são escritas no presente e esperam – outra vez o mesmo – ser julgadas pela eternidade.

Notas
[1] SILESIUS, Angelus. *Peregrino querubínico*. Barcelona: Olañeta Editor, 1985.
[2] ECO, Umberto. *Obra abierta*. Barcelona: Ariel, 1979.
[3] BADIOU, Alain. *El siglo*. Buenos Aires: Manatial, 2003.
[4] HOLDERLIN, Friedrich. *Las grandes elegías*. Trad.: Jenaro Talens. Madrid: Hiperión, 1980.

[5] BURGER, Peter. *Teoría de la vanguardia.* Barcelona: Península, 1987.

[6] JENNY, Laurent. *El fin de la interioridad: teoría de la expresión e invención estética en las vanguardias francesas (1885-1935).* Valencia: Cátedra-Universitat de Valéncia, 2003.

AUSÊNCIA E ESQUECIMENTO, SUBSTITUIÇÃO E EMERGÊNCIA

A) Superação da ausência na poesia contemporânea e o emprego da ausência como eixo de uma concepção da poesia moderna vinculada primeiramente ao anúncio (Hölderlin) do que virá e depois ao rastro (Beckett, Celan) que se incorpora à linguagem poética como requisito de veracidade do "tempo poético", isto é, o impacto sobre o poema e sua linguagem de determinantes de fora.[1]

B) Consequências na poesia contemporânea e atual (a partir das vanguardas, o exterior que nega toda ausência e a aponta como construção ideológica por vinculação com uma área de sentido pertencente ao mítico, "imposição" [Giacomo Marramao] do mítico que se vive agora: distintas posições da poesia sobre o mítico hoje seria a ressonância das posições enfrentadas ou não, concebidas ou não sobre a ausência).

C) De ambas formas: a ausência primeiro como esquecimento e depois como substituição. Como esquecimento pressagia uma reaparição, território temeroso de uns deuses que não estão, mas cujo advento sempre latente é promessa que se dilata (lembrar o idealismo alemão e sua "nova mitologia"). Temor ao intempestivo, a partir do retorno de um deus furioso mais dionisíaco que nunca até a Comuna de Paris. Ou melhor: conversão de um certo previsível em intempestivo. Assim, as vanguardas estéticas se desviam de seu curso histórico, pura lógica sacrificial, des/aparecem sem preparação, sem "morte da arte" por detrás. E se assim aparecem, assim desaparecem, sem porquê, um reenvio a âmbitos misteriosos onde a nostalgia da ausência vai se fazendo presente. Tornar a ausência vivência paralela com os movimentos da história é, no mínimo, difícil. As vanguardas estouram. Sua sequela de fragmentos em sua melhor parte, a negativa, continua sendo, por um tempo – digamos, uns trinta anos, desde a conversão de dadá em surrealismo até a tentativa falida de recuperação da atitude crítica da década dos anos cinquenta (antipoesia, poesia concreta, a demanda de outro objeto poético, já não o objeto poético visto como outro) –, isso mesmo: sequela de fragmentos. A parte positiva que renuncia à dissolução se transforma em escola de manipulação dos repertórios criados para Outro que, afinal, foi sua contraface, Ninguém anônimo. Isso é suficiente para ultrapassar tempo e fronteiras: não tardiamente, mas justo por isso mesmo, porque vai ficando tarde, *Espectros de Marx* (1993), de Jacques Derrida, é, porém, um livro sobre um saldo que resiste ao remate – a margem da ausência com a margem da ausência – da impossibilidade, coisa com a qual o capitalismo pós-industrial jogou perigosamente desde a implantação do modelo neoliberal. Ecos? Não, ressonâncias. A parte que "supera" a questão da ausência quer cobri-la com um dedo. A ausência tinha jogado um jogo difícil com o objeto desde finais do século XIX, bastante patente no poema de Mallarmé "Um jogo de dados" (1897). Mallarmé faz devir coisa, por uma arte de mágica que se chama *nihil* [nada], uma construção, o poema que beira de modo inexplicável sua própria desaparição sempre que quis perguntar-se por seu porquê.

Ainda em ritmo simbolista – talvez por isso –, o poema mantém uma dupla espacialidade, joga no símbolo e joga na coisa e por duas vias penetra no século. "Nada ou quase uma arte", o presságio de Mallarmé no prefácio, foi nada e quase uma arte, concebida nessa dualidade. Mas sua "quase arte" se incorpora rapidamente a essa exterioridade da poesia do século XX cujo resultado é um branco hiperpovoado de objetos. Já não é o projeto primitivo "disseminado" (Derrida) infinitamente. Mas já é um mundo com todas as suas coisas. Convém continuar detidamente esse diálogo da ausência com o qual não é ela própria e que tanto caracterizou a poesia do século XX desde seus primórdios imediatamente anteriores.

Um.

Ausência aqui é quase um lugar nuclear das poéticas da modernidade (poéticas pré-niilistas e pré-vanguardistas), o que associa, evidentemente, a ausência com o niilismo e com a retirada dos deuses, com a pergunta de Hölderlin: "...e para que poesia em tempos (sem deuses) de penúria (de miséria)?". Na pergunta de Hölderlin fica a desolação de uma ausência que é mais que uma ausência dos deuses: é a ausência da própria poesia que, no horizonte sem sentido da técnica, traçará constitutivamente a grande problemática do século XIX e do século XX. A pergunta de Hölderlin rompe antecipadamente o que, traduzindo do sagrado ao secular, tanto Jorge Luis Borges quanto José Ángel Valente procuraram devolver à poesia: seu porque sim, limite com o sagrado que ambos resgatam do monge Angelus Silesius [1624-1677] em seu conhecido dístico celebratório: "A rosa é sem porquê/ floresce porque floresce".[2] A pergunta de Hölderlin ou não se responde sozinha em seu sem porquê ou se reponde técnica, temporal e reflexivamente: a poesia da modernidade é uma série de poéticas em crise, as poéticas da transformação. A "procura" da ausência já está exposta nesta frase que informará todo o movimento agitado da poesia moderna vindoura.

Aí, formulada no conceito, no destino, no sentido para o poeta romântico alemão e para os que herdam esse senão, a poesia que vem – se é que vem – romperá fronteira com o religioso: seu futuro será messiânico ou não será.[3] Somente nesse desvio, nesse tudo ou nada revinculante, cabe vislumbrar um devir poético vinculado à tragédia. Outro olhar ao mesmo – a decadência do horizonte poético – seria a ironia em Friedrich Schlegel, onde não há tragédia, mas sim o elemento que a substitui na conceitualização: a ironia, o desmantelamento da forma, evidenciado diante do leitor pelo artista. A tragédia se torna ironia. Será impossível negar o lugar irônico da poesia moderna e contemporânea depois desse deslocamento que provocam o poeta e o filósofo românticos. Se não há escuta – um elemento definidor da poesia vista como expressão de uma comunidade, algo que faz suspeitar que a pergunta de Hölderlin também se refere a essa inexistência, deuses como grandes ouvintes ou ouvintes idôneos –, a poesia girará sobre seu próprio eixo, um eixo que termina desmantelando-se a si mesmo – o exemplo vem ao final do século XIX com "Um jogo de dados não abolirá o acaso" de Mallarmé – e que, no século XX, esgotado o movimento giratório, inclusive em suas possíveis ressonâncias – passada toda a possibilidade dissolutiva da arte na práxis social e passada toda possibilidade de transformação social que redimensione a arte –, encontrará um ouvinte perverso no leitor que não só não escutará a palavra poética: decidirá o que o poeta deve dizer. Navegue por onde navegue, a frase de

Hölderlin toca no centro do problema. Em termos dialógico-sacros não há escuta. Mas em termos exclusivamente seculares não há receptor daquela palavra porque aquela palavra ou não tem lugar ou esse lugar – anunciado na ironia schlegeliana – está em plena disfuncionalidade. Não é exatamente o poeta quem tem a última palavra – diga-se de passagem: essa palavra nunca pertenceu aos poetas, que lutaram a partir do horizonte em crise da palavra poética para ter a primeira palavra, a dos inícios e antes dos inícios: a partir de sua latência como anti-palavra[4]–: é o leitor como figura que ordena a partir do exterior, ou a partir de sua necessidade, qual é a arte poética possível e qual sua palavra. Não é necessário adivinhar em que sentido essa palavra poética se orientou nas últimas décadas. Orientou-se no sentido de um mero acompanhamento previsível e altamente retórico dos também previsíveis avatares de uma sociedade de controle que tem seus controladores nos possíveis leitores.

Dois.

Dizer "busca" da ausência quer dizer ainda estar no jogo perturbador e dissociativo, no pleno conflito que representa a poesia para o poeta pós-romântico e romântico, antes: esse desvio europeu que vai de Hölderlin a Mallarmé e passa por Baudelaire e Rimbaud. À medida que avança a consciência no poeta de que a poesia é um mundo de representação que "deu de si", a ausência se torna patente como problema. A ausência, que antes da modernidade nunca criou um "lugar" dentro da linguagem, mas habitava o mundo, agora, em fins do século XIX, o tem com Mallarmé. Confundida com o "nada" e com o "lugar" físico no qual insiste Mallarmé, essa folha, esse papel, que por cima é ainda mimeticamente o espaço de uma constelação, mas que por baixo adquire sua nítida procedência pastosa e arbórea, consegue articular-se como uma nova forma para a poesia contemporânea. Mallarmé, ao custo de ser rebaixado da tradição ritualista poética, pôde formular um "lugar" baseado em um alto nível de abstração – há que se ver que o poema de Mallarmé realiza a operação de esqueletização, de desconcretude da palavra segundo o paradoxo materialista: quanto mais aspiração de materialidade do poema como objeto, menos coisa exercida no poema. Mas o que pretende Mallarmé – ele diz no "prefácio" a "Un coup de dés" – é uma arte, uma poética, um modo de fazer, ou nada, isso é, na aparência, o contrário ao poema. (Será curioso apontar que depois de Mallarmé o nada materializado conceitualmente nos poemas – é muito patente em Celan – se integra, em uma de suas vias, à partícula negativa anterior ao substantivo como uma forma da negação: o não-poema, por exemplo. Isto é, a ausência sobrevive como negação em certas poéticas de certos momentos do século XX). Mallarmé não pretende fazer o novo poema, mas sim apresentar o gérmen de uma nova poética. De modo que para se pretender uma poética, para se pretender a arte que virá tem-se primeiro que destruir o presente do objeto em si mesmo, desarticulá-lo de tal modo que, em sua exumação, apareça a conformação – a partir de seus restos – de seus sinais intermitentes. O poema de Mallarmé é um acúmulo de intermitências. Extrair essas intermitências da dissolução é a tarefa que fará a certa poesia contemporânea que provém desse eixo hegeliano-mallarmeano que inicia com o clamor, a pergunta pela ausência – no "para quê" há um suposto "onde está", na averiguação de Hölderlin há um lamento na medida em que Hölderlin já sabe algo que sabem Hegel e Schelling desde a redação de "O mais antigo programa de sistema do idealismo alemão".

Três.

Os movimentos de vanguarda estético-históricos representam o impasse do problema vendo o assunto retrospectivamente. O projeto dissolutivo das vanguardas que devia transformar-se em práxis libertadora coloca a carga poético-artística em outra ordem de consideração. Se a arte deve – segundo o mesmo esquema hegeliano que, ainda que não preveja o devir desconstrutivo da linguagem artística dos primeiros anos do século XX, prevê o fim da arte por sua inoperatividade – dissolver-se na práxis social, há que pensar o tema de sua sobrevivência – o que realmente existiu: ou esquecer a dialética morte/ressurreição ou assumi-la – a sua própria morte. Há que lembrar que a inoperatividade da arte já está apontada por alguém bem distante aos ditados hegelianos ou românticos alemães: Baudelaire, em sua menção ao leitor como "hipócrita" no reconhecido poema "Ao leitor", umbral de *As flores do mal*, faz alusão a uma dupla problemática: uma, a não operatividade do ritual poético que condena tanto ao poeta quanto ao leitor a uma simulação de ato de comunhão: a hipocrisia levará, sem dúvida, a essa confirmação do romantismo como "fenômeno de circo" que aponta Schlegel, porque é uma arte que já está mostrando seus mecanismos. Outro sintoma apontado por Baudelaire é o lugar do leitor, que acho fundamental, não lateral, para o esboço de uma concepção problemática da questão poética atual. Um leitor que ocupa duas posições antagônicas neste devir que venho comentando: no século XIX, a partir do enfrentamento com o leitor dos poetas críticos como a um equivalente da burguesia de má consciência da época industrial; no século XX, a partir da perplexidade e a rejeição diante da arte de vanguarda que localiza o leitor no lugar da estupidez e da incompreensão. Duas variáveis negativas para o mesmo "personagem", entre aspas. A segunda posição que ocupa na atualidade é o lugar do triunfo. O leitor aguentou o rojão da tormenta da crise da arte e da produção de objetos simbólicos e emergiu triunfante na atualidade, a partir do momento em que a arte pós-vanguardista e utópica cedeu terreno à repetição em forma de variável que vivemos na atualidade. O leitor como entidade que demanda um paradoxo: pede uma poesia que não seja poesia. O poeta lhe dá. Isso indica o fim do desequilíbrio das vanguardas na forma e fundo da arte e o desequilíbrio da recepção que o leitor contorna desde começos do século XIX. O triunfo do leitor significa, de fato, o fim do "problema" da ausência ou a consumação do esquecimento da ausência.

Quatro.

A arte das vanguardas não joga só um jogo. Joga vários. Um, o jogo da incomunicabilidade pela forma. Dois, o jogo da socialização da arte, a partir da desclassistização da arte a partir de um ângulo elitista à proposta de uma arte massiva. O conflito da incomunicabilidade por via da forma é um tema próprio da arte moderna, algo que toca seu funcionamento e sua validade como agente ativo do impacto que causa na percepção e na consciência, na medida em que já não se ajusta à demanda de um exterior perturbado radicalmente quanto à sua visão do mundo social e individual – colapsou a forma –: o exterior demanda uma "objetividade" da arte, uma saída da arte de seus porões e de seus recintos de sentido em direção a uma dimensão distante de sua subjetividade, cuja ressonância está mais nas poéticas medievais errantes e públicas que no próprio romantismo andarilho e vagabundo. No melhor dos casos vai se tratar de uma festa, de uma farra geral que auspicia uma nova jograria, um intercâmbio simbólico que vincula leitor-poeta. No pior dos casos – levando a coisa ao limite do absurdo – se tratará de uma jograria tecnologicamente tão avançada que pode produzir a desaparição física do leitor e artista em um passe de mágica de virtualização. Uma síntese: a frustração utópica. O leitor, colocado em posição de poder que faz eco à demanda da sociedade que pede para a arte – e também para o poeta – que assuma a superestrutura de um capitalismo de fase tecnológica aniquiladora – aniquiladora ao menos para um conceito de realidade –, não cai em provocações. O sentido de uma tragédia da arte vislumbrada a partir do cimento romântico que se transforma em crítica devastadora do consumo de arte e da própria arte (simbolismo francês), a posterior ruptura das formas (vanguardas) e imediata frustração da festa revolucionária já não opera no âmbito da transmissão. A não ser que a ausência seja uma chave de transmissão. E seu esquecimento seja tão dramático como para Heidegger o esquecimento do ser. A palavra, para continuar ativa e tentando penetrar em sua escuta, que já não é a escuta de dois séculos atrás – para variar, o leitor triunfante sabe escutar cada vez menos ou já não escuta, adaptado à simulação da simplicidade –, teve que esquecer sua relação com sua intimidade, fonte de sua constituição lírico-objetiva sobre o mundo. Como condição de vida, o esquecimento. Este axioma moderno parece atuar com toda sua força em termos da palavra. Mas esquecer-se não para continuar sendo, mas sim para ser uma palavra do mundo. O que aponta a crise dessa última fase de maneira patente – fase compreendida entre o romantismo e o fim das vanguardas históricas *circa* 1935 – é a passagem de uma palavra que mantém relação com sua mesmidade-intimidade a uma palavra do exterior, palavra do mundo. Claro que surgem os paradoxos; nunca como quando é maior a demanda do exterior – que coincide com o giro linguístico que coincide com as crises de consciência operadas nos períodos entre guerras e com a consciência do Shoá – a palavra, em sua própria crise, foi tão autorreferencial. A demanda do exterior em direção ao poeta ensimesmar-se na linguagem que acusava, assim, uma desarticulação que só podia aludir a uma recaracterização fora-de-si-mesma, dialetizar-se na tensão dentro-fora.

Cinco.

Na América Latina há quatro experiências na assunção dessa exterioridade, todas na década dos anos cinquenta: *Os poemas e antipoemas* (1954), do chileno Nicanor Parra;

a poesia concreta do Brasil; a publicação de *La insurrección solitaria* (1953), do nicaraguense Carlos Martínez Rivas; e a publicação de *En la masmédula* (1953/1956), do argentino Oliverio Girondo. Em todas essas poéticas, sob evidente acusação de metafísica poética, a ausência está esquecida. É necessário, em Parra, uma arte que volte ao idioma falado como chave da linguagem poética: em vez de lembrar (a ausência), devolver a fala que há ao leitor; a fala, manancial de poesia, ou isso a que Oswald de Andrade chamaria "contribuição milionária de todos os erros". Pede-se aqui uma poesia que contradiga os avatares sofridos pela linguagem poética desde aproximadamente o Renascimento e sua formulação de poesia como artifício. Há uma volta medievalista em Parra que se conecta com certo pragmatismo de linguagem anglo-saxã proveniente da poesia norte-americana do século XIX – a linha Whitman, não a linha Poe – e com certa linha do Fernando Pessoa de Alberto Caeiro e de certo – o de "Tabacaria" e de "Soneto já antigo" – Álvaro de Campos. Na poesia concreta a demanda de um poema objeto permanentemente atualizado às possibilidades de um sempre ativo presente tecnológico torna impossível a consideração mítico-simbólica da palavra. A palavra, que saiu de ser aquela "coisa" sartreana, agora faz parte da estrutura de um poema que é um objeto de arte tecnologicamente apto, quer dizer, de acordo com um presente tecnologicamente perpétuo.

No caso de Carlos Martínez Rivas e seu livro *La insurrección solitaria*, trata-se da confirmação, no poema "Memoria para el año viento inconstante", da negativa do poema-como-obra-prima (o que podia assimilar-se antecipadamente ao conceito de poema-objeto-arte), tomando o conceito de obra-prima como a derivação canônica que representa o estabelecimento das letras burguesas e institucionais. É uma derivação, no século XX, do conceito baudelairiano-rimbaudiano de um leitor demandante da obra-prima como consolação de um merecido castigo: o de ser consciência burguesa. O leitor, tanto em Baudelaire e Rimbaud como em Martínez Rivas, é alvo de um fogo duplo: o da consciência "infeliz" (Roland Barthes)[5] do autor e o do castigo no leitor como agente de classe dessa infelicidade, tudo o qual produz a negação da obra ou o abandono de toda a jogada, como no caso emblemático de Rimbaud. A confirmação da negação em Martínez Rivas é interessante porque nele ressoa – no poema, não na teoria: não conheço outro poema que apresente esse dilema com tal claridade – o posicionamento de um homem e uma época agravados também em e pela linguagem poética – a pós-Shoá – que reverbera no Theodor W. Adorno negativo que dita a impossibilidade da poesia pós-Shoá. Mas também porque resgata esse "murmúrio" ou linguagem paralela à da história – a obra – de que fala Michel Foucault no prólogo à *História da loucura*, na época clássica (1961). A liberação desse "murmúrio", não estaria mal ter em conta, é a liberação desse murmúrio também no poema que não está isento de combater loucura com obra. Por trás da negação da ausência – ou de seu esquecimento – há uma disposição ao controle e à repressão de linguagens que também integra o campo poético. Por trás da negação da ausência vem a produção de sujeitos ausentes da escrita. Essa linguagem de obra branca, que é a linguagem da obra-prima – linguagem fechada, impenetrável, mas também linguagem fechada de onde nada escapa –, é a linguagem que exclui a Antonin Artaud, coloca sob suspeita Raymond Roussel e Jean-Pierre Brisset de "os 7 anjos". A *masmédula* de Girondo é o exemplo contraditório em extremo de uma vanguarda sem limites: sem destino, sem objeto – nem meta nem objetivo, nem objeto de arte nem obra-prima –, poemas feitos de pura subjetividade que não termina senão quando acaba o ar de Girondo. Proveniente da vanguarda, Girondo coloca sobre a mesa uma (im)possível intimidade da vanguarda, vanguarda contraicônica, contraplástica. Girondo já se move em uma zona onde não há nada: nem mito nem antimito, salvo o âmago desintegrado de um sujeito que restou, a marca de um grande Aquele maiúsculo que se nega a ser remasterizado e oferecido às novas gerações limpo de ausência, de esquecimento e de memória.

Notas

[1] *Soledad acogedora* (Madrid, Abada, 2004) de Massimo Cacciari, trata sobre o problema da solidão em autores como Leopardi, Hölderlin, Beckett, Blanchot, Musil e Celan, entre outros, vinculados a uma ausência padecida por esses homens que são ou esses homens que encarnam que vagueiam pelo ser. Meu texto localiza o tema da ausência sem solidão fixa, como um lugar mais que lembrado, abandonado pela poesia contemporânea, um processo que localizo desde o século XVIII.

[2] Ver Angelus Silesius ([1985]).

[3] Ver "Pão e vinho", em Hölderlin ([1985]).

[4] "Sobre la operación de las palabras sustanciales", em José Ángel Valente: *Variaciones sobre el pájaro y la red precedido de La piedra y el centro* (2000).

[5] Ver Barthes (1972[2000]).

Referências

SILESIUS, Angelus. *Peregrino querubínico o Epigramas y máximas espirituales para llevar a la contemplación de Dios*. Trad.: Francesc Gutiérrez. Barcelona: José J. Olañeta, 1985.

BARTHES, R. *El grado cero de la escritura seguido de Nuevos ensayos críticos*. México: Siglo XXI, (1972[2000]).

CAMPOS, A. de; et al. *Teoria da poesia concreta: Textos e manifestos*. São Paulo: Duas cidades, 1975.

DERRIDA, J. *Espectros de Marx*. Madrid: Trotta, (1993[1995]).

FOUCAULT, M. *Historia de la locura en la época clásica*, 2 vols. México: FCE, Col. Breviarios, (1961[1967]).

GIRONDO, O. "En la masmédula". In: *Obra completa*; edição crítica, Raúl Antelo (coord.) Barcelona: Galaxia Gutenberg-Círculo de Lectores, (1953/1956[1999]).

HÖLDERLIN, F. *Las grandes elegías* (1800-1801), versão castelhana e estudo preliminar de Jenaro Talens. Madrid: Hiperión, 1998.

MALLARMÉ, S. *Un tiro de dados*; versión de Jaime Moreno Villarreal. México: Ditoria, (1897[1998]).

MARTÍNEZ RIVAS, C. *La insurrección solitaria*. México: Vuelta, (1953[2006]).

PARRA, N. "Poemas y antipoemas". In: *Obras Completas I*. Barcelona: Galaxia Gutenberg-Círculo de Lectores (1954[2006]).

VALENTE, J.A. "Sobre la operación de las palabras sustanciales". In: *Variaciones sobre el pájaro y la red precedido de La piedra y el centro*. Barcelona: Tusquets, 2000.

II

SAÍDAS: ESPESSURA
Um ensaio sobre poesia a partir do que se sente

Primeira

O que aconteceu com a maré da verbi-voco-visualidade, não sei. Talvez não tenha convencido ninguém. Era justa a síntese de Joyce em seu *portemanteau*: o poema não tinha porque não manifestar-se VISIVELMENTE. Notoriedade de uma época já não estacionada que dava cartaz, murais para uma nova moralidade da rua, povo que passa e olha. Notava-se também a mão de Mallarmé na necessidade de perturbar toda a física de um objeto. A época exigia, o modo de ver, o modo de produção. Talvez nascesse aí o que depois seria a obscenidade, esse "fora de cena" que vivemos que luta entre retomar a cena e permanecer fora – não no exterior, não à intempérie: fora da cena, vida à cena deslocada. Um objeto que não chamasse a atenção sobre si mesmo? Um objeto de exterioridade neutra? Esse não é nosso mundo, o das exterioridades e fachadas em nua e crua exposição mesmo de sua própria intimidade. Nem sequer para o poema. O mundo da produção objetual prefere neutralizar o sentido de um objeto, não sua fisicidade, que demanda o olhar. Mallarmé, de fato, não queria uma forma exibicionista. Queria uma forma orgânica. Mas essa organicidade pretendida vai levar, sem dúvida, a uma forma que chame a atenção sobre si mesma, uma forma exterior que deixe, aí, no poema, precisamente de ser exterior e anule, organicamente, a dualidade dentro/fora. Essa é uma aventura abandonada. O abandono parece ter uma convicção secreta: a neutralidade de fachada não atua como barreira da visão que possibilita gerar o poema, essa imaginação "fora daí" não se detém aí, amplia espacialidade, derruba muros de contenção temporais e ortográficos, desdenha letras, consonantes torres, vogais loucas que tinham sua cor. O tempo de Joyce tem uma necessidade de *aí* que é uma necessidade de *aqui* que toda a vanguarda tem. A transformação é nesse tempo, não em outro. Outro tempo viverá ou não dessa mais-valia. Mas não há produção para depois na lógica do capital: paradoxal, o capital acumula a curto prazo, nisso pode encontrar-se com a arte de vanguarda – sempre e quando essa arte esqueça sua função de ser, que é, justamente, a anulação de si mesma, a autoaniquilação. O capital não se suicida. A vanguarda também não, se dissolve na práxis social – segundo Peter Burger. É possível pensar no capital diluindo-se na práxis social? Somente a possibilidade já soa a comunismo, a página propaga um odor de barricada de uma Comuna de Paris recém deixada para trás, uma das grandes traições de uma classe no poder que se prepara para um século de *exposição* – na realidade, abre com uma: a Exposição Universal de 1900 em Paris, essa mesma, "Paris, capital da modernidade". O *portemanteau* de Joyce cruzou mundos até instalar-se, como símbolo, na São Paulo dos poetas concretos, em 1950. A partir disso, a partir de um descentramento paradoxal – o Brasil foi pioneiro em muitas coisas no século XX, entre elas, no que se refere à ditadura militar: o golpe de estado que derrubou o presidente Joao Goulart, um latifundiário progressista que se exilou no Uruguai –, irradia local e internacionalmente essa poética que cinquenta anos mais tarde pode ser vista como uma ave rara, mas característica de uma América Latina tangencial e incisiva em relação à sua produção simbólica. Assim era em 1950 e assim era, também, no Brasil, em 1922, durante a Semana de Arte Moderna de São Paulo. Ali, durante a Semana, já estava Oswald de Andrade, figura-chave para os poetas concretos e para toda atitude artística que tenha em conta a situação real dos países latino-americanos do momento e sua relação com o intercâmbio de produção no mercado internacional. É fato.

A condição geopolítica oscilou. Oswald de Andrade distinguia claramente entre países coloniais e países metropolitanos, na linha dialética imperialismo/neocolônia, bastante afim a Frantz Fanon, e depois na posição ideológica de movimentos emancipadores sessentistas latino-americanos, como o caso de Cuba e certos – não todos – movimentos guerrilheiros deste continente. Hoje a situação de um império decadente – perigosamente decadente na medida em que conserva seu poderio militar à margem de seu escasso poder econômico – é um lugar ainda muito importante no reordenamento mundial global. Falar de "antropofagia cultural" em meio a um modelo geral de circulação de todo tipo de produtos, também simbólicos, parece sem sentido. Mas poderia se discutir a legitimidade real dessa circulação, sua democracia do desejo mais que da realidade, o valor real dos produtos interceptados pelo impulso midiático radicalmente discriminatório. A globalização "benéfica" para os países latino-americanos é mais uma possibilidade que está por ser vista que uma realidade visível. O alcance político da visão de Oswald de Andrade em 1928, no momento da redação do "Manifesto antropofágico", já ia além de uma consideração de luta social para tocar o âmbito inteiro da cultura. O conceito-chave era e é "antropofagia cultural". Oswald de Andrade vê claro o *handicap* cultural latino-americano – e em especial brasileiro, em relação inclusive ao resto da América Latina –, seu caráter subalterno obrigatório, menor de idade para qualquer tentativa de Sentido que transcenda a dimensão artesanal e folclórica diante do paradigma ordenador metropolitano (europeu, naquele momento). Dá um salto histórico: propõe a necessidade de uma "devoração" dos produtos simbólicos e de uma "digestão" local que permite apresentar variáveis produtivas no mercado internacional com valor igual aos produtos metropolitanos. O desafio de reelaboração desse bolo alimentício é enorme. É o desafio que assumem os poetas concretos de São Paulo. O fato, além dessa revisão, é que o poema é um objeto de discutível visibilidade. Em todo caso, há um contentamento em ficar-se com uma virtualidade visível, com a dimensão que gera, visível a partir de um corte imaginário.

Enquanto estou escrevendo sobre os poetas concretos de São Paulo, Brasil, meu telefone toca. Uma voz masculina pergunta: "María Elena Ruiz está?" Não há ninguém com esse nome em minha casa. Mas minha mãe era brasileira e se chamava Elena. Isso se pode saber. Também se pode saber que fui amigo de um dos poetas concretos, Haroldo de Campos. E que admiro Augusto de Campos e o recentemente falecido Décio Pignatari. Conheci Haroldo de Campos em 1976, eu havia mandado do Uruguai um livro publicado por mim no ano anterior, *Estación estaciones*. Haroldo de Campos me respondeu com gentileza e um discreto interesse. Decidi ir vê-lo pessoalmente em São Paulo. A partir daí conheci seu irmão

Augusto e também Décio. Voltei a ver Haroldo de Campos no México, em 1982 ou 1983, não lembro exatamente. Ele queria ir a Palenque, às ruínas. Sabia que Palenque era uma experiência fora do comum. Me convidou. Fomos. Aconteceu algo excepcional. Haroldo e eu descemos à tumba de Pacal, o Grande, e enquanto estávamos de pé em frente à sua sepultura, do lado de cá das grades que separam o turista da sepultura, Haroldo teve uma espécie de epifania. Não me disse "tenho uma epifania, Milán". Haroldo era bem capaz de fazer isso, tinha suficiente grandiosidade para compartilhar uma falta de pudor. E se uma epifania não acaba com esse sentimento entre herdado de um manual de cortesia eficaz e algo de um falso escrúpulo em se corrigir diante do outro, não sei então para que serve. "Palenque" é um nome de origem catalã, que vem de *palens*, que significa "fortificação", entre outras coisas. Isso diz a Wikipédia, a enciclopédia livre. Também diz que o lugar foi batizado em 1567 por Fray Pedro Lorenzo de la Nada. O que a Wikipédia não diz é que Haroldo de Campos, Décio Pignatari e Augusto de Campos defenderam, como ninguém neste século, a criação de um poema "do nada" (*ex nihilo*), de estrita raiz mallarmeana. É verdade que os poetas concretos não foram os únicos poetas latino-americanos atraídos pela criação "de la nada". Vicente Huidobro e Octavio Paz também estiveram aí. Huidobro em *Altazor*, poema emblemático da primeira vanguarda latino-americana, escrito ao longo de

1920, um poema que, para Huidobro, deveria começar e terminar *aí mesmo* – a mesmice é uma característica do desenvolvimento da criação *ex nihilo*, na medida em que o exterior fica absolvido como lugar de referência obrigatória. O poema *ex nihilo* interioriza o mundo, separa o mundo do mundo, torna-o entidade autorreferencial. Formular: *aí mesmo* vem *do nada*. Paz, em "Blanco", escrito em finais de 1966, uma homenagem à vanguarda com um abandono paradoxal que Paz tenta conjurar. O tempo resiste aos conjuros da destreza quando se trata da forma. Parece não haver *verdade* no fora do tempo. O caráter artificial prevalece e vagueia. Inclusive na insistência deste princípio de poema:

> o começo
>   o cimento
> a semente
>   latente
> a palavra na ponta da língua [...]

Bem marcada essa dualidade metafórica real da poesia de Paz, que alterna como condição de identidade. O poema não pode evitar cair em seu próprio princípio. O que começa, *começa aí,* sem antecedentes. Modo exemplar de negar história, modo exemplar de negar história poética. Um desejo de individuação parece percorrer o poema *ex nihilo*. Um sonho, na realidade, que tem por modelo o último impulso da modernidade, o pós-ilustrado, o objeto industrial. Como paradoxo – a grande condição de existência da arte moderna –, o poema assume como modelo o objeto industrial para separar-se do mundo. Formular: o isolamento – a solidão – pela indústria. Mas nem Vicente Huidobro nem Octavio Paz conseguem de forma cabal entrar na lógica da criação *ex nihilo*: não conseguem se livrar da tentação mimética que é a grande barreira que deve contornar toda proposta dessa índole. Tanto Huidobro quanto Paz elegem o caminho da fragmentação. Mas essa fragmentação se deve mais a uma percepção do mundo que a uma necessidade interior da forma. A essa necessidade interior da forma de relacionar-se de maneira particular, à margem da imagem dos objetos do mundo, sejam naturais ou artificiais, chamo forma orgânica. Os poetas concretos conseguiram isso em sua produção dos anos cinquenta e sessenta. A visita a Palenque de Haroldo de Campos tinha algo de *coisa de princípios*, é um dizer lezamiano, para não dizer *origem*. Esse segredo em conexão com o nada, o poeta *ex nihilo* no lugar do batismo De la Nada, era isso: um segredo haroldiano. Inocente desse segredo, escrevi um poema, "Memoria para Haroldo", publicado em *Por momentos la palabra entera* (2005). Haroldo conta a experiência em seu ensaio "De uma cosmopoesia", publicado em *Poesia sempre*, em 2001. Mantém o segredo. Um último detalhe: quando acabamos de subir a ladeira de escadas da tumba de Pacal, o Grande, entre o calor e a umidade que nos fazia escorregar a cada degrau, chegamos a uma cabana a poucos metros da saída. Nos sentamos e a terra tremeu. Haroldo e eu nos olhamos como perguntando o que teria acontecido lá embaixo, na sepultura de Pacal. Meu poema está dedicado a Marcos Canteli, um dos últimos poetas que conheço que assume um compromisso de escrita autossuficiente. Voltei a ver Décio Pignatari novamente no México em 1985. Levei-o a Teotihuacán. Subiu a Pirâmide do Sol. Mas o esperei embaixo. E outra coisa: como sabia a voz que perguntou por telefone por uma Elena, que eu estava escrevendo sobre o país de minha mãe, Brasil, Haroldo de Campos e o nada?

Segunda

Falo de uma perda de complexidade, de uma queda na superfície como se fosse profundidade, da evidência. Pedir um trabalho orgânico, correspondente às relações dinâmicas da trama significante de um poema, implica uma interrelação. Por que se cedeu à antiga neutralidade da fachada? Não é o começo de uma serenidade de criação, a redução fônica e verbal do poema. Se essa realidade fosse vista como um desprendimento da imagem objetual, de um desentendimento do modelo produtivo artificial, se entenderia uma avançada política no poema a respeito de sua antiga posição formalmente autista, a da pré-vanguarda. Mas depois de perguntar-se pela visibilidade exterior do poema – não pela imagem criada –, por essa *exterioridade na forma* do poema, é difícil esquecê-lo. Ainda que não se faça cartazes, ainda que não se faça letrismo, ainda que não se faça murais, é difícil esquecer a pergunta. Há que pensar, talvez, no desmedido, que significa o querer, ativar todas as faces do poema, suas faces de dentro – contrafaces que lhe deram identidade, se nos referimos à lírica –, suas faces do exterior. O projeto da forma orgânica é um projeto abandonado. A utopia é um projeto abandonado. Mas a utopia é um projeto ou um desejo? Ou é um projeto que esqueceu de seu *ser desejo*? No momento em que se esquece a atitude inicial que provoca o andamento de toda uma dinâmica, o gesto avança pervertido em seu sentido. A história da arte é sensível nessas modalidades de esquecimento. Sem afastar-me da vanguarda: a vanguarda esqueceu. Esqueceu que era uma aliança entre atitude perante a arte e a realização. Esse esquecimento atua de duas maneiras, uma negativa e outra positiva. Se a vanguarda continuasse fiel aos postulados ortodoxos que lhe deram nascimento a princípios do século XX – seu desejo de diluir a arte na práxis social –, não poderia ter sido recuperada depois de finalizado seu ciclo histórico estrito, cerca de 1930. A vanguarda, é claro, não é uma só nem o movimento um só movimento. Há vanguardas. Há movimentos. Há, inclusive, berços metidos na vanguarda que permitem a dilatação de sua existência consumada. O devir museu da rua, a rua museografada, é uma possibilidade que a vanguarda deve ao surrealismo, uma poética do excesso de uma *hibris*: a soma de imagem e sentido. Há uma supersaturação de ambos no surrealismo. Essa imagem que entrega o surrealismo do que a arte é, esse sentido que entrega o surrealismo do que a arte necessita, não cabem na rua. Necessitam de uma instituição que os ampare. Então entram. O museu torna-se a A Casa dos Excessos. Não tenho dúvidas de que a vanguarda se "museisou" de mãos dadas com o movimento surrealista. Uma casa que permite todo excesso não é uma casa que os neutraliza? O museu se torna A Casa que Neutraliza os Excessos. É preciso uma cunha cravada na atitude até esvaziá-la, cunha diluente da atitude, mas afirmada em sua magnificência – extraída da própria atitude – para que se torne possível uma recuperação do, em princípio, destinado a desaparecer – na medida em que se transforma em outra coisa, práxis social revolucionária, por exemplo. Não houve revolução, houve consolidação do capitalismo depois da Segunda Guerra Mundial. Nesse contexto da pósguerra a poesia concreta brasileira recupera alguns parâmetros da primeira vanguarda. Mas não é a primeira vanguarda. Há uma demanda de um poema estritamente rigoroso, um rigor ausente das tentativas programáticas das primeiras vanguardas. Talvez o estrito na demanda do tipo de poema buscado deva-se à atitude ausente. A vanguarda concreta é inclusiva de si mesma, quer o poema da fase tecnológica de ponta do capitalismo. O poema concreto quer atuar, integrar-se socialmente. A poesia concreta quer objetos de arte, não autoimolação. O neobarroco rioplatense – neobarroso, segundo Néstor Perlongher – atua de uma maneira similar com sua aparição sul-americana na década dos anos oitenta. Há um resgate formal de certas vanguardas, incluída a concreta, um certo barroco proveniente de Lezama Lima – que também veicula surrealismo, um surrealismo bem cubano, como há um barroco bem cubano, dependentes ambos da *physis*, da natureza que impregna a geografia insular e depois continental teorizadas por Lezama –, um certo pós-vanguardismo de caráter interiorano extraído do último Oliverio Girondo, o de *En la masmédula* (1954), tudo somado ao que não podia faltar nesse caso, os fragmentos do pensamento colocados em ponto de subversão de uma certa filosofia, em primeiro lugar a de *Mil platôs: capitalismo e esquizofrenia II*, de Gilles Deleuze e Félix Guattari (1980). Também não houve revolução nessa vanguarda com caráter de emergência, quanto à gravidade do assunto. Houve aborto. Mas por disposição alheia ao corpo em transe de parir – se é que isso foi realmente claro, nítido, se é que houve essa iminência de nascimento que parece garantir toda resposta em uma planície sem altos e baixos. Mas sim, houve: parto impedido ou não, políticas de extermínio da oposição nas ditaduras chilena, uruguaia e argentina. O poema de Néstor Perlongher, "Cadáveres", do livro *Alambres* (1987), dimensiona essa problemática com uma contundência fora do comum. Perlongher alcança um alto grau de imprevisibilidade. Mistura níveis de linguagem que atuam em todo o campo social, percorre a história argentina e latino-americana, usa os ícones culturais e políticos de uma época imediata ("en tu divina presencia, Comandante/hay cadáveres": alusão limitada mas fortemente popular da figura de Ernesto Che Guevara na interpretação da canção do compositor cubano Carlos Puebla). Há de tudo em "Cadáveres", sobretudo uma superabundância de existência na menção desse ritornelo, "Hay cadáveres", mas nenhum descrito. Trata-se de nomear essa desaparição. Um poema paradoxal em seu desdobramento. Nessa coexistência de linguagens que o poema explora, percorre-se o gosto argentino e a hipocrisia social de maneira hipersexualizada. Tudo está sexualizado como forma de um equilíbrio perdido de antemão com isso que se nomeia e não está, o cadáver. O poema de Perlongher é de uma ética exemplar, diz da morte, não pode dizer outra coisa. Em meio a um humor que lembra certos relatos de Severo Sarduy – outro ícone formal do neobarroco rioplatense –, Perlongher faz seu acerto de contas com uma sociedade hipócrita e violenta. No poema de Perlongher há de tudo, menos transformação possível. De novo, o neobarroco rioplatense – neobarroco segundo

Perlongher – conta com a ausência da atitude transformadora. Não é propício, é pós-sucesso. O *post-scriptum* do *post-actum*. Parece centrado na segurança do que não vai – já não pode – acontecer. Olhando em retrospectiva, outra vez a vanguarda esqueceu algo: sua necessidade dissolutiva. Se a vanguarda não sobrevive por esquecimento, não sei como sobrevive. Claro, não é propriamente a vanguarda o que está em jogo como se de vanguarda se tratasse. É a montagem de uma estrutura que lembra formalmente o que a vanguarda esqueceu como atitude. A forma em lugar de um sentido além de si mesma. Se não houvesse resultado algo conjuntivo, de trama diferente, de profunda realidade questionadora de uma ordem conceitual que parece que sempre está por morrer – barroco que morre porque não morre – se diria que está por despontar outro horizonte surrealista. Se é que o surrealismo – em seu sonho paralógico – alguma vez nos abandonou.

Terceira

Tudo coexiste. Não sem certo contentamento. Só para alguns ainda há lugar para a discussão, para a problematização desse tempo da arte, uma arte que – segundo Hegel e as vanguardas – deveria ter morrido por inoperante, segundo o primeiro, e, segundo as segundas, por necessidade de socialização última e completa. As artes plásticas se questionam ainda seu próprio sentido. Não vejo por nenhum lado que a poesia, nem a latino-americana, nem a europeia, nem a norte-americana, que é até onde chego, questionem seu estar aí, a impertinência ou pertinência de seu lugar. Essa questão para a literatura parece pertencer a uma época já ultrapassada. Quando se coloca em debate o problema das vanguardas ainda se escuta algo, há sussurros, rumores, conversa ao pé do ouvido. Mas as conclusões sobre a impossibilidade de um presente artístico-estético conflitivo são aterradoras. Parece que não há mais necessidade de problemas, que a cota chegou ao limite. Quando o urso está em perigo, quando os polos, quando grande parte da humanidade que integra a força laboral da primeira potência econômica retrocede por necessidade – um pouco mais que um prato de arroz três vezes ao dia é uma metáfora excessiva para apontar as condições gerais de trabalho na China? –, a realidade de um capitalismo pré-fordista, sem nenhuma garantia, quando o banco internacional com o apoio estatal evaporam qualquer tentativa de estado de bem-estar e toda segurança é vista como pretérita na hora certa desse tempo – não há saída a não ser em direção à sepultura do atual sistema –, uma poesia em problemas para alguns parece uma estupidez. Em todo caso se poderia enumerar os problemas da poesia, mas sem colocá-la em nenhum limite. O problema da forma poética – e a poesia moderna se entendeu pela forma ou não se entendeu – é como a frase de Simón Rodríguez:

"Ou inventamos ou erramos". Referia-se a nossas sociedades de incipiente independência em sua relação com os modelos sociais dos que se livraram. Esse assessor de Bolívar tinha as coisas tão claras quanto Oswald de Andrade, três quartos de século depois. Alguns integrantes da arte de princípios do século XX – o insubornável histórico Vicente Huidobro parece ser claramente uma exceção –, outros que atuam na segunda metade – o insubornável histórico Carlos Martínez Rivas parece ser outra exceção –, são figuras raras como equilibristas de circo. Suas obras são fatos consumados. A partir da década de 70 não aparecem soluções, mas se esclarecem os problemas, apesar dos próprios poetas, que parecem querer mais poesia e menos pensamento. O pensamento em relação à poesia parece produto de uma crise do século XIX, que toca a beira do XX – Hölderlin, Baudelaire, Rimbaud, Mallarmé, Rilke – e até aí. Nenhum problema colocado por algum desses poetas foi resolvido. Foram substituídos por outros. Ou por uma vertigem desproblematizante da pura ação. Mas há atos que constroem complexidades. E em um dia dos primeiros anos do século XX a aparição em outro lugar de um WC pode não terminar com a eternidade, mas sim suspender a linha de flutuação que separa a coisa da arte da coisa comum. E cai a lona sobre o equilibrista. Mas Duchamp é um artista plástico. A plástica foi o avanço perceptivo-formal da modernidade. Na América Latina e em sua poesia quem mais se parece a Duchamp é

Nicanor Parra. Enquanto a atitude diante da arte considerada tábua de salvação das consciências infelizes que nasceram, com esse nome e sob essa proteção, da classe chamada burguesia, se nega a existir. Morte da arte – ao menos como consolo do burguês. O esforço de Nicanor Parra para devolver a poesia à linguagem comum que fala o homem comum foi uma jogada de mestre contra a poesia como consolação. Não sei se o homem comum foi supervalorizado por Parra ou a necessidade da arte – agora já não como consolação, como figura de acompanhamento, o que não é o mesmo, mas sim pior: na necessidade de consolação há, pelo menos, um drama, fora de jogo a possibilidade da tragédia – revalorizada. Mas o lugar da linguagem não parece ter a importância social do lugar dos objetos. A linguagem é contagiosa, o objeto, caro. Um se adquire sem querer, o outro dá trabalho, inclusive para se dar conta da impossibilidade de tê-lo. Sempre que se fala disso há, me parece, o temor – em mim, ao menos, com regularidade – de se estar falando de algo que já aconteceu. Será essa figura de reiteração a que coloca em fuga a consciência? Ou é a consciência que se nega à necessidade de questionamento porque sabe que por baixo dela jaz uma ausência? Há um temor inconsciente de que o amplo espaço que ocupa a arte – plástica, poesia, música talvez, cinema não sei, o conceito de Jacques Rancière de "fábulas contrariadas" como chave do cinema talvez o preserve da crise geral da arte ou quiçá o cinema em sua contradição é a arte que preserva a arte de qualquer crise. De modo que: toda arte que queira sobreviver deverá ser contraditória, contraposta, oposta a si mesma, contrariada – seja, na realidade, a cobertura – a *covertura* – de uma ausência. Ou seja: a superpopulação de produtos estético-simbólicos serve para um ocultamento. Se isso é assim, a superprodução simbólica está em posição de um *recobrimento*. Esse recobrimento não acredito que esteja dirigido a ampliar crenças ou multiplicar a fé. Esse recobrimento estaria *tapando nada*. Nesse caso as verdades de Hölderlin, de Baudelaire, de Rimbaud ou Mallarmé não foram nem superadas por situações mais graves nem perderam vigência: foram sepultadas. Que a multiplicação dos objetos possa tapar uma verdade ou simplesmente torná-la caduca como formulação de valor já está falando de outro ser humano que consome os mesmos produtos que o necessitado de verdade. Nesse caso, nem o riso aliviaria nossa instabilidade como sobreviventes de um mundo que já não está em crise de produção simbólica – nos dois sentidos: como presença que permite tolerar uma ausência, ou seja, como metáfora, ou como responsabilidade direta na desaparição. O *já sucedeu* dessa problemática quando toca a consciência situa o problema nesse lugar espectral da arte mesma, situa-o em um já sucedido que insiste em bater à porta. Sempre que se fala de poesia há uma porta próxima, sem que isso implique uma provável saída. Uma porta, ao menos para que nela bata o espectro. Porta prismática para as subdivisões do golpe espectral.

Quarta

Uma aparência de liberdade percorre a poesia. Teria que ver se é uma aparência real ou fingida, fuga ou concretude, liberdade conquistada. Se esse último é correto, diante de quê se conquistou essa liberdade? A liberdade não se doa nem se negocia. De modo que teve que ser arrancada. Ao imperativo clássico ortodoxo? Aos mandamentos de rigor da vanguarda? Os nexos com o passado estão rompidos em relação a qualquer reclamação, ainda que essa reclamação seja o dever da liberdade. Pode-se negar à liberdade? O que é isso que aparece como liberdade na poesia e motiva essas perguntas? Se liberdade é maior possibilidade espaço-temporal de movimento e não necessariamente maior capacidade, trata-se de uma liberdade. A poesia latino-americana – e a espanhola vai nessa direção – recuperou áreas de significação, repovoou territórios abandonados por uma vanguarda transformada em doxa e depois, negada essa, por um neoclassicismo imperativo que a sucede. Um neoclassicismo tão particular que parece contradizer essa orientação estética. Trata-se de uma recuperação de espaços de dicção apoiados na inteira possibilidade de dizer. *Dizer tudo* e sua possibilidade parecem a consigna poética da última etapa da poesia do século XX e deste começo de XXI em língua castelhana. O antigo eu poético, romanticamente explorado como qualquer prostituta que via Baudelaire, foi paradoxalmente controlado por uma exploração formal do eu ausente ou subjacente: a exploração linguística do último Mallarmé. Há uma vocação "objetivista" que depois será determinantemente "objetualista" na deriva poética do XIX ao XX que não deixa mentir. Mas enquanto uma se restringe ao eu e reduz essencialmente as possibilidades de dizer tudo – uma restrição semântica em benefício da materialidade significante –, a outra amplia essas possibilidades colocando o eu lírico não só como verdadeiro titular do assunto poético – retornam os assuntos, as autobiografias completas ou recortadas estão na ordem do dia –, mas por trás de sua peripécia entra o efeito de uma totalidade de experiência com todos seus adornos e seus utensílios de existir. O antigo eu romântico era uma figura mais do poema comparado com a volta de um eu poético dominante característico desse que alguns chamam neoclassicismo. Embora Baudelaire escape da restrição semântica – ele é encarregado de ampliá-la no sentido de completar o dito –, o faz excepcionalmente. A contradição poética de Baudelaire foi reiterada uma e outra vez, um visionário da modernidade futura e da importância de certa arte – a pictórica, em efeito –, de certos temperamentos, o *flanêur*, o decadente, o perdido, a parte maldita de uma sociedade que cheirava mal por todas as partes. Cheirava mal e cheirava ao mal. A exploração humana decorrente do capitalismo industrial é uma sombra que talvez seja recuperada agora, de mãos dadas a uma tendência retroformal na arte. Exceto que aquela exploração assumisse a promessa de uma revolução. A de agora não assume responsabilidades, nesse momento, nada além daquela com o presente da sobrevivência. Essa exploração atual, de um cinismo e uma crueldade insólitos, na medida em que se intensificam, sem subentendidos nem mal entendidos, está precedida de Auschwitz e Gulag, Sabra e Chatila, Guantánamo e os que *venham vindo*, como diria vallejianamente Joaquín Pasos. Essa inumanidade assumiu compromissos com a explosão e/ou a submissão: esses parecem ser, mais que augúrios, as certezas.

AO REDOR DO COMUNICÁVEL

1. Deveríamos nos perguntar para onde conduz a pergunta pelo incomunicável, única força irredimível nas manifestações simbólicas presentes e, pelo que parece, nas que irão continuar de modo mais ou menos imediato. Isso indica as vísceras invisíveis da ave aberta sobre a mesa, o maço de cartas, as cartas sobre a mesa, o modo pelo qual parece que se joga neste mundo de puro agora. A carta sobre a mesa tem as vísceras invisíveis, seu ocultamento perfeito. Isso, ao menos, poderia parodiar a Poe. Ir a Poe, retroceder ao século XIX, não só implica um gesto pela evidência. A mecânica da arte atual permite saltar em qualquer tempo, em qualquer lugar, em qualquer forma, em qualquer estratégia: a legalização da prática do saltimbanco é a garantia. Mas ir ao século XIX é ir ao espaço do tumulto onde se previu, e não somente: se

pensou, planejou, tramou, orquestrou, foram compostas as variações possíveis dos mundos alternativos – nos universos paralelos: sistemas de mundo, regimes de distribuição da riqueza –, também dos mundos artísticos, obras nascidas do desejo de mais mundo prometeram dar a *totalidade*, e o melhor da sensibilidade criadora humana. Na lógica do resgate, de Baudelaire, pode-se ler o desejo desse de dar a totalidade da jogada, não só a parte bela, com seu alto prestígio que lhe é inerente – alto e exclusivo. Ali onde o feio não entra é possível rever o espaço e verificar lugar e falta de lugar. Mas o que estava em jogo, afinal, era a encenação de uma arte embelezada consigo mesma. A burguesia, destinatária "natural" do *fantasma que percorre a Europa* – e hoje fantasma eliminado e convertido em espectro, e ela mesma, burguesia, fantasmagórica em sua capacidade de tolerar mundos antagônicos –, captou de imediato a mudança de rumo, a passagem do amor do campo à errância urbana do desejo, e acomodou o corpo. Nessa capacidade de acomodar o corpo – que já estava em Odisseu, segundo Adorno e Horkheimer – reside o pacto sagrado, a negociação sagrada entre acumulação e espaço-tempo, cuja filha preferida só pode ser uma, e somente uma: a comunicação (ou, em termos de Homero: o engano). Lançar-se de cabeça ao canto das sereias teria sido o gosto e o gasto de abrir-se ao incomunicável, quer dizer, *outro* cantar. O canto ali no descalabro que não aconteceu teria amparado na melhor tradição órfica um impedimento, um poder cair, um poder lançar mão, um poder perder. Mas na comunicação há um segredo oculto: a negação da perda.

2. A obrigação da comunicação – o todo à vista, a obscenidade, a amostragem – é a obrigação à obscenidade, à amostragem. Nossa civilização é cristianíssima e vive a falta de revelação em um continuo "pagar pra ver". E "ver claro". A *obscuridade* é considerada uma prática conservadora em termos tecnológicos. Obscuridade como aquilo que não é, precisamente, comunicativo e, sobretudo, *compreensível*. O curioso é que diante dessa demanda de claridade de compreensão não corresponda uma claridade de ação. Quando compreensão e ação vão juntas, em geral a demanda de compreensão sobra. As vanguardas estético-históricas das primeiras duas décadas do século XX são exemplares. Dois casos na América Latina. *Trilce* (1922), de César Vallejo, e *Residencia en la tierra* (1925-1935), de Pablo Neruda, representam historicamente dois dos momentos mais radicais da poesia latino-americana. Os movimentos de vanguarda, originalmente europeus, e sua recepção latino-americana – com exceção do caso da poesia concreta brasileira (*circa* 1950) –, com certa devoção epigonal, mais ou menos aceita, dividem a raiz romântica que faz vibrar toda a arte do século XIX. O espírito (em termos hegelianos, não santo) romântico permeia toda a arte do século XIX, seja ou não romântico. O

sopro romântico prevê uma liberdade que só encontra algum consolo no que *não está à vista*, foi reprimido ou esquecido. Quer dizer, e sobretudo, o mito. Ninguém se pergunta se a arte romântica devia ser compreensível. Ninguém tem a ideia, na realidade, de pedir à arte romântica que seja comunicativa. Comunicar o quê? A comunicação estética – diz Roman Jakobson – é comunicação de forma, não de conteúdo. Quanto maior for a busca formal (seja como for que se manifeste), maior a comunicação estética, isto é, menor comunicação de conteúdo. Essa quase máxima formalista russa se baseia na razão diferencial entre comunicação simples e rasa da linguagem e comunicação estética. Rimbaud era um poeta comunicativo? Esteticamente sim, mas não em seu "conteúdo". Esse espírito alcança seu esplendor nas vanguardas de princípios do século XX. O leitor concorda – não quer dizer que aceite, tampouco que divida – com essa lógica, essa demanda implícita de uma não-comunicação de conteúdo em arte fundamentada na conquista do século XVIII (época da modernidade que desata a possível coincidência de presença histórica e realidade da arte): a autonomia da arte. Até que estoura o conflito histórico determinante (para o mundo e para a poesia em castelhano): a Guerra Civil Espanhola (1936-1939). O *mea culpa* de Pablo Neruda é histórico, não exatamente poético. Sua rejeição às suas próprias *Residências* a favor de uma poesia que ele chama "realista" desemboca no poema mais celebrado da história da poesia latino-americana da primeira metade do século XX: *Canto geral* [original: *Canto general*, de 1950], um livro onde se dilata a condensação das residências em um estilo narrativo que relata em verso a história heroica latino-americana. Dessa vez – como se tornaria claro ao longo do século XX – a presença da história foi antiartística, estritamente comunicativa. A Guerra Civil varreu os desejos de uma arte de perturbação formal. Deixou-a como uma herança (ruim) do romantismo do século XIX e suas ressonâncias simbolistas. Mas, ainda que mais sigiloso e com cautela de alma velha, Vallejo faz algo parecido com Neruda: deixa de lado o signo negro de *Trilce* e se torna humano, demasiado humano. *Poemas humanos* (1931-1937), livro de aparência pleonástica no nome, não o é. Há que ressaltar historicamente o humano. Os poemas, víamos vir desde o século XIX e viu-se nas primeiras vanguardas, guardavam o segredo de uma diminuição de humanidade – se a isso se chama "ver o conteúdo como forma", ou seja, arte (Nietzsche).

3. Estamos falando de uma arte tocada pelo signo da transformação – romantismo, vanguarda – e o avesso que se apresenta como história que sabota o projeto artístico. Quando Octavio Paz diz, em *Vuelta*: "A história é o horror/a história é o erro", pensa nisso, não necessariamente no desejo de retorno ao tempo cíclico que se opõe à diacronia histórica. Pensa na história como interferência na arte. Aqui há um paradoxo em

jogo. Esse pensamento de Paz, que não pode ser tratado, de modo algum, como um artista ou um intelectual vinculado à utopia, se apresenta de forma semelhante, mas na margem oposta, prestigiosa da história, das tentativas revolucionárias do século, ao menos no notável mundial – o soviético – e no notável latino-americano – o cubano.

A história obriga a uma espécie de desdobramento ou, pelo contrário, a um autoconvencimento de que o homem que está em jogo em circunstâncias-limite precisa de uma poesia não igual a esse limite, mas de signo contrário. Em maior ou menor grau, exceções à parte, a poesia da primeira metade do século XX sucumbiu a esse desígnio. Transformou-se de poesia de alto risco linguístico em poesia de acompanhamento vital, histórico-vital. Parece que a energia humana colocada em esforço de transformação necessita, mais do que de uma arte que esteja à altura do tempo e da própria lógica utópica que emoldura o horizonte dessa transformação, de uma "poética de apoio", uma "poética da companhia". Uma equação está escrita nesse horizonte em questão: mudança social = simplificação poética. O problema é difícil de expor porque é difícil de resolver. Teria que se perguntar: qual é a posição poético-formal, a comunicável ou a incomunicável, que corresponde a um poeta que adere a uma causa transformadora? A renúncia à sua busca linguística – que sempre toca o incomunicável, chave das poéticas da última modernidade, a que começa com a ilustração do século XVIII – ou a preservação nela? Por que equiparar um homem que se coloca em risco na mudança a uma arte despida de todo risco? Os emblemas culturais, as grandes referências icônicas da cultura revolucionária da América Latina em luta interminável por sua emancipação, desde José Martí, são tomadas em referência como slogans populistas. Uma espécie de *ética do simplismo* tem seu apogeu na criação de uma mentalidade massiva favorável à facilidade de compreensão do transmitido e, portanto, ao rebaixamento do nível de complexidade dos objetos que são transmitidos. Trata-se de uma mentalidade geral, circulante às vésperas de uma aurora irrefutável – esse era o *lugar da esperança*, um lugar *tão simples como esse*, que era dado como certo –, que encontra um bom exemplo na mentalidade martiana dos *Versos sencillos*, conjunto de poemas que entrou na memória latino-americana, semi-ilustrada pelo canal de um verso memorável, precisamente por sua simplicidade: "Eu sou um homem sincero...". A linha é notável pelo atrevimento, pela ousadia de Martí ao dar um passo atrás no contexto moderno a partir de um protomodernismo simbolista a um romantismo essencialista. O aqui e agora desse verso é um signo para todo humano que não seja um cínico nem um canalha. Mas essa linha não é seguida em termos do seu conteúdo existencial. Como se trata de poesia, ele a transforma em uma verdadeira *arte poética*. "Sinceridade" desencadeia uma serie semântica difícil de ser interrompida, como uma reação em cadeia: =*honestidade*=*verdade*=*claridade*=*sentido*=*comunicabilidade* e, sobretudo: =*humanidade*. A comunicabilidade é a condição necessária para que o humano possa falar. O conceito de humanidade é chave aqui. Para começar, porque em tempos de mudança o primeiro que se coloca em jogo é a integridade humana. Não há dúvida. O que está em dúvida é: por que a linguagem poética deve corresponder a uma sequência decorrente de um *dever ser humano* quando é posta no limite? A chave está na redução – essa noção de limite – que se faz em um tempo de crise e perigo, de mudança, daquilo que é o humano. O existente humano, não seu alcance possível. E mesmo que esclarecer a incógnita escape ao domínio da tensão, é a tensão o que explica o paradoxo que cria a vinculação dialética arte-história. O que não se explica é o domínio da redução ao *comunicável* de uma arte em um momento histórico de tensão transformadora ausente. Não é possível responsabilizar o condicionante comunicativo que se vive no presente pelo desenvolvimento tecnológico dos meios de comunicação. Se o modelo utópico – na medida em que se mantém como o que ainda não é, como o *latente* (Bloch) – se transformou no impossível e, portanto, também no incomunicável, a ausência desse modelo desenvolve, subjacente à malha comunicativa, uma nostalgia de relato, um desejo diacrônico, um apetite de continuidade, um encontro com o fio de união – o que, em termos trágico-modernos, alguém como Shakespeare remeteria ao domínio do par conhecido, mas invisível: o espaço das parcas, tecedoras do destino e do absoluto. Comunicar, mais que contatar, significa unir, conectar. Mas não estamos, parece, em território trágico. Estamos em um espaço que parece regressar da tragédia sem ter sido resolvido nenhum dos problemas que a ocasionaram. Não é a derrota do trágico como garantia de um destino: é a derrota de um humano como garantia de si mesmo, se é que o destino do humano era – no atributo utópico – a emancipação.

4. Uma arte como a contemporânea, que se descobre no paradoxo barroco do *morro porque não morro* – arte que teria terminado na advertência de Hegel, em 1828, em suas conferências sobre Belas Artes, em Berlim, sobre seu caráter obsoleto, uma arte que se descobriu mortal na *Roda de bicicleta* e se revestiu no museu com a imigração a Nova York da vanguarda parisiense –, essa arte que não acaba nunca, não pode perguntar-se por si mesma, a não ser indiretamente, ao perguntar pela realidade da existência humana sob o capitalismo pós-industrial. Sob o signo da depredação acelerada e na metáfora do lugar que cede o estado de bem estar ao estado de exceção não é possível perguntar-se se está bem ou está mal morder a mão que te dá de comer. Esse valor de lealdade já não é humano, ainda que a imagem se refira a um cachorro. Trabalhar sob o capital implica um desdobramento

ou uma submissão dura e crua. No contexto da contradição obrigada o que não resiste, desiste, quer dizer: se consagra à obediência. Essa disjuntiva que se vive na vida humana que não consegue recriar seu comum na arte contemporânea é seu paradoxo constitutivo.

VISÕES DE QUATRO E O POEMA QUE NÃO ESTÁ

("Blanco", "Advertencia al lector", "El desierto de Atacama", "Hospital Británico" e "El poema que no está")

a Cristóbal Zapata e Carlos Vásconez

Entrada

1. Isto não existe. Mas todas as condições estão dadas para que exista. Seria inscrever o poema no território de uma ausência. Ou seria inscrever, fazer-lhe um lugar, um furo, à ausência no território do poema? Acredita-se que o poema é o que está escrito. O poema é o que há. A letra. Mas a letra não está composta só do que há, nem o poema. O que não há é fundamento do há, "as condições dadas para que haja", ao menos, dadas em um sentido latente. Um poema é um

fato de linguagem dada. Mas é um fato de imaginação dada e, ao mesmo tempo, latente. O poema, ao dar-se, não oculta sua latência original. Não se perde o nada quando a criação aparece. A criação supre, suplementa. Mas o que suplementa continua por baixo. Por que fazer aparecer o que está latente, por baixo, em segundo lugar – o que tinha como nada e propiciou passagem a um segundo lugar – depois que já está suprido, alcançado o objeto? Para que não haja esquecimento sobre de onde se vem? Não é o mesmo uma metafísica da origem – ou da presença – que uma ética centrada na terra, no *topos* precedente – e procedente –, o que co-responde: o pagamento vai contigo em "não se esqueça do pagamento se você vai pra cidade" –, no berço e na classe social? "Eu com minhas raízes": não é só um *topos* já metaforizado em relação ao não haver; é, também, sua desconstrução: o onde não há, o lugar de onde, estando no lugar que há, a cidade, a gente vem. De modo que o que não há está com o que há. Sob uma imagem sombreada enquanto não se olha ou se vê; sombra em relação à luz clara do objeto que se vê e domina a visibilidade. O que se tenta é imaginar o que não há projetado a partir do que há, recompor a ordem: restituir a ausência. Não através do delírio ou do irreal: a partir da marca que a ausência deixa inscrita. A imagem já é a retenção da ausência enquanto forma. Mas a marca, o que ficou retido, suporta, como apoio, a construção da visão. De modo que a visão se estrutura sobre uma ausência e sobre uma marca. Não, como se poderia pensar positivamente, através do objeto que se atravessa para ver um além, um além que aparece através da visão, sem confirmação ou propósito nem no objeto, nem na imagem que ficou como marca. Nem tempo nem espaço: resto de ambos, marca que os memoriza, mas que não os leva inscritos. Seria um excedente, um *plus* que o objeto libera e a imaginação retém, mas que, desconstruída em seu processo de ser imagem-objeto-rastro, a imaginação solta. A visão não seria, então, o além objetual ou imaginativo, mas *todo o processo*.

Um poema carrega sua visão latente sobre os ombros. Às vezes se deixa ver; às vezes nada sugere, no poema, que essa visão está ali. Hesito em dizer que se nada sugere a visão do poema o poema é falho. O poema pode ser tão transparente que não libera partículas suficientes para construir sugestões de visão, aderências ao olho. Ocorre quando o coloquial domina a linguagem. Em um poema onde a linguagem coloquial está suplantada por figuras anteriores de linguagem – retóricas, não formadas por um processo para chegar ali –, o entrelaçado linguístico é uma promessa de visão. Mas há que entrar com facão e machado nessa selva, cara. Cortar mais ou menos grosso. Com a intenção de cortar. A arte de cortar onde não se espera sugere, por sintagma ofuscado, visão: algo continua, o mesmo que se deteve antes. É provável que em um poema sufi se possa ter a visão de uma catedral de éter. Mas há que saber construir essa imaginação. Temo que a linguagem do poema moderno não permita essa linguagem armada com instrumentos de um tempo paralelo, essa linguagem mediada pela mística, essa linguagem que, à moda de Dante, permite que no meio apareça a pantera. Certo, não se esperava a pantera. Mas por acaso esperava-se a selva? Por acaso esperava-se o lugar a meio caminho, entre o já transcorrido (objeto) e o que transcorrerá (imaginação)? O que resta do caminho não é o que ficou, o rastro, mas o ainda não caminhado. Um resto não rastro sobre o qual construir, eis aí o desejo de caminho. O que resta não é o que tira, mas o que se pode construir. Quer dizer, pensar. Mas há poemas onde a linguagem não aponta desejo de ornamento nem de precariedade. É demais para ser jogada fora – no gesto de uma semeadura de mão cheia, da esquerda para a direita –, não está: ela poderia em sua espessura tornar possível muita visão. A precariedade, tão próxima da ausência que, no fundo, alcança sem esforço, está quase na linha da fronteira. A linha da fronteira: *há que traçar o que possibilita a fronteira, visão, não visão,* o limite, o que obriga a um aparecer à parte.

Aparecer à parte. De toda aproximação com os atributos da ausência, o objeto e o rastro.

Se no deserto a areia, o calor, o vento e essa luz não constituem em si atributos possibilitadores de visão. A areia de um poema não é a areia, o calor de um poema não é o calor, o vento de um poema não é o vento, e essa luz tão clara que a água não pode dar – não o mar: a água da fonte, o manancial – ondula diante dos olhos sem garantia de ser vista além, depois, mais tarde, senão nessa reiteração, pisada sobre o mesmo rastro, ao modo dos rastreadores de alvos. E na cidade cheia de nomes próprios e coisas com nomes e coisas com marcas e Esteves – longe de onde se impõe a arte da reiteração e diria que no entorno tudo está retido, mas sem sensação de ausência, as formas pulsam sob o sol como todo crime: já se viu, a região do turbante – e Rodríguez que chega à cidade, diria que isso, próximo da minha vista, pode perturbar o pensamento. Não sei se turva a visão.

2. Um poema projeta uma imagem a partir de sua escrita que se situa fora de sua escrita. É uma imagem que pode ser vista através da escrita. Já na imagem o poema se retira. A imagem permanece como resto do poema, ou, literalmente, como *imagem*. Visto depois a partir da imagem que projeta, o poema se vê como uma construção *a partir* da imagem. De modo que resto, aqui, não só designa o que ficou descartado, o que sobrou de um acontecimento: designa *o que restou depois da retirada, o deixado, o abandonad*o. Ver a partir do abandonado o que abandonou permite olhar o processo de outra maneira. Visão aqui não é vaticínio nem adivinhação: é olhar o que ficou, o resto. É um lugar da beleza já fora do objeto, a beleza sem objeto, a beleza inútil para qualquer transação, a não ser para o reconfortante: o que devolve a força.

1. "Blanco"

É a ilusão do mundo criado a partir da página, pela página. A página *deus ex machina*. O lugar dessa poética tem raízes no século XIX. O XIX levanta o monumento, a partir da página, até a página vista no céu. O monumentalista Mallarmé – que não o era, mas assim o vimos chegar do XIX –, o ornamentador por excelência – e ele não era, nunca foi mais que um restador. Restar é o verbo poético não-poético. Há intuições em "Un coup de dés" da imagem em queda – a sombra – que o monumento deixa quando vai para cima. NÃO há que deter-se na mímeses flagrante de Mallarmé, em sua contradição ao ver a página como céu e a escrita como constelação. Que o céu não impeça de ver – em sua mímesis que permite que a página o seja – a escrita como constelação, o poema como constelação. Constelação, avizinhamento, aproximações. Era tão físico Mallarmé que fazia *ver* as coisas na escrita. Chega um momento em que o simbolismo precisa de encarnação, sair da deriva, soltar o cometa distante que só permite ver as ondulações do rabo sobre o céu. Necessita encarnar: não o verbo, o símbolo feito carne. Mantendo, sempre, a indireção.

O céu, visto daqui em uma noite estrelada, é ilusão de fixação, mas, sobretudo, indireção, remitência. E o que há de galáxia nunca será mais que aproximação. Tocar, tocar-se, não é do céu.

"Blanco" é uma poética tardia, um fora de tempo. Não um contratempo (há algo de contratempo nos materiais de sua monumentalidade, o do marmóreo que brilha ao sol, as escadarias que o verso projetivo, tão pulcramente cortado – ainda que nem tanto para fazer esquecer que é pedra –, nivela: o mito, o contratempo por excelência, esvazia seu conteúdo a favor da pura forma, ou, no desejo de Paz, da forma pura). Em 1996 não há vanguarda estético-histórica. Nem sequer o novo sopro que a poesia concreta brasileira quer imprimir com sua operação de um destilado fino, essencial, que recebe o legado vanguardista histórico. Não há historicidade nostálgico-impossível. A poesia concreta brasileira é rígida justamente para abolir o sonho de qualquer nostalgia. A poesia concreta é propositiva: o essencial projetado para continuar, sem concessões a uma visão retrospectiva. Todo regresso será utilitário. É o Pound do *Make it new* ("o que o passado tem de vivo agora"). Por isso a poesia concreta, o diálogo que Paz trava com a vanguarda mais próxima a "Blanco" no tempo (1952, poesia concreta; "Blanco", 14 anos depois) tem o signo contrário de "Blanco", sem que por ele Haroldo de Campos não homenageie o poema, traduzindo-o ao português em 1981, em Austin, Texas ("Passei a noite em claro/traduzindo 'Blanco' de Octavio Paz"). Haroldo de Campos insiste em ver "Blanco" como "canto paralelo", etimologicamente, *parodia*. Eu também vejo "Blanco" como paródia, mas no sentido de homenagem a algo que já não está. Acho que esse é o sentido mais profundo de "Blanco": a ilusão de reabilitar a vanguarda estético-histórica reativando-a a partir do presente. A operação está perdida. Mas: Octavio Paz, querendo ou não, pode vaticinar a partir de "Blanco", de 1966, o que será não a poesia, mas *toda* a arte do século XXI: uma homenagem a toda arte, uma *homenagem à arte que queiras*. Se quiséssemos ver na poesia e na arte atuais um signo definidor que as afastasse das práticas do século XX, em seu início – primeiras três décadas –, e do XIX, é a tonalidade paródica que mantêm, tratando-se ou não de uma paródia declarada: a sensação de que tudo já foi dito, com exceção do que se manifesta a partir de um ponto de vista subjetivo. Formalmente, as poéticas assumem a paródia como dado de fato da época. A reciclagem que obriga a uma tábula rasa poderia reconduzir o rumo, em risco de cair na repetição mais evidente. A paródia, ao menos, possibilita o ato de consciência do que se parodia. A paródia não perde de vista o modelo. O que está em jogo é o tempo. O que buscam poemas como "Blanco" é, ao contrário de um canto paralelo, já que a temporalidade é muito próxima e não se pode tirar partido nem sequer das diferentes temporalidades – por exemplo, um poema do século XX que homenageie um poema do século XI –, transformar o conceito de homenagem, que tem um valor artisticamente secundário na medida em que há um objeto que homenagear, não uma ausência de objeto onde criar, de negativo a positivo, um modo de reverenciar o que houve por uma consciência da carência, no presente, de objetos que tenham um valor como o que se concorda outorgar aos objetos dignos de homenagem.

A imagem

"Blanco" projeta uma construção a partir das ruínas, construção como ruínas, construção com um *plus* de tempo. Não só a analogia entre ruínas pré-hispânicas – reencontradas, paradoxalmente, a partir da Índia, onde o poema foi escrito – e as ruínas do poema a que a tradição moderna levou ao poema. Na realidade, entre Netzahualcóyotl, o rei poeta, e Mallarmé, o poeta em greve. O entre o tempo cantado como nostalgia arrasadora – os cantos de Netzahualcóyotl ("yo-yoyotzin", diz Netzahualcóyotl para chamar-se a si mesmo no poema) – e os descantos de Mallarmé, seu eu sem mais apoio que a disseminação que o envolve no espaço passado por prisma de "Coup". A luz é baixa, a imagem muito nítida estende sobre o vale resplendores crepusculares. Isso já aconteceu muito antes de sua escrita e ameaça, em outros textos, não deixar de acontecer. A desarticulação, a mudança, o tempo da nostalgia que constrói ruínas contra o tempo do presente sem volta que aposta no acaso e no risco. "Blanco" não pertence ao tempo da invenção. Pertence ao tempo da recriação. A crença da invenção é a crença das vanguardas históricas que supostamente "Blanco" homenageia e, antes, a crença de Mallarmé, o grande inventor, quem diria, vindo de uma poética simbolista. "Blanco" está escrito a *modo de*. O gesto *ex-nihilo* do início do poema ("el comienzo/el cimiento/ la simiente/latente/la palabra en la punta de la lengua") podem confundir. O gesto *ex-nihilo* da vanguarda destaca como poética a renúncia ao passado e inaugura o tempo da invenção. O "do nada (nasce isto)" é um dos fundamentos da poesia moderna. Está enlaçado como o trovar provençal que decola, fundando no século XI com esse talismã de acaso e incerteza que é "Farai un vers de dreytnien" ("Fiz um poema do nada", Canção XI), de Guillaume de Poitiers. É verdade que Guillaume de Poitiers narra ao acaso, conta como fez. Mas o interessante é que torna equivalentes fazer (*farai*) o poema e encontrar (trovar) o poema ("enansfotrobatz en durmen/sobre chevau"; "ao encontrá-lo ia dormindo/sobre meu cavalo"). Na tradição da arte moderna que desponta com o século XX a revolução também vem com o encontro: os *objects-trouveés* de Marcel Duchamp contêm seu equivalente em idioma inglês, com os *ready-made*. Novamente, o fato equivale ao encontrado. Mas encontrado no sentido de não buscado, ou seja, sem antecedentes de nenhuma busca que pudesse alterar a noção de presente absoluto (tão absoluto que consegue sair do tempo e, como disse Danto, transfigurar o lugar comum). Sem dúvida, Duchamp é um transfigurador. E isso é a invenção:

colocar um objeto em um espaço onde não há notícia de objeto. Esse era o sonho de Vicente Huidobro, que continha para ele a palavra "criação": um produto *ex-nihilo* que o faz negar praticamente toda a poesia ocidental até ele (com quem também não nasce a poesia. Huidobro morre dizendo em carta a Juan Larrea que "a verdadeira poesia nascerá" e que eles até esse momento tinham se dedicado à tarefa de "colocar fitinhas coloridas ao cadáver da velha poesia"). Tanto Guillaume de Poitiers quanto Marcel Duchamp transformam o fato em invenção. E abrem o paradoxo da arte. O problema é quando a literalidade dá esse mau passo, como em "Blanco". Paz segue literalmente a noção "do nada" e o poema inicia com uma careta nadista-tautológica: o poema começa "ao começo". Claro que o auxílio da metáfora não se deixa esperar: esse começo pode ser o começo da criação do mundo a que se torna equivalente, individuado, o poema. O começo não *do* mundo, mas sim de *um* mundo, do mundo de "Blanco", começa aí, no ato da fala poética que cimenta e simenta (a palavra não existe), semeia, coloca semente do mundo. Com esse gesto, Paz cumpre com dois propósitos: o primeiro encerra, por literalização, a possibilidade *ex nihilo* como anseio poético. O gesto *ex nihilo* se sustenta em uma metáfora que não se pode literalizar. O segundo abre uma poética de reconsideração do passado, que abre os diques de contenção para que toda vanguarda sucumba. Já não há repressão diante do passado. Todo o passado volta a acontecer (da maneira que seja, com as cores que sejam, com as leituras que sejam). Mas ainda que o segundo propósito apareça historicamente como inaugural, o que se inaugura é um retrocesso: o tempo da versão, o tempo do *cover*, o que se pode considerar o fim da invenção. A versão era considerada – até o presente – um sintoma de decadência de um processo. Paz cita Mallarmé num aparte de "Blanco". Cabe aqui considerar o papel dessa citação: trata-se de atrair a poética de Mallarmé à "subdivisão prismática da ideia", essa disseminação que, com humildade digna de um inventor que trabalha com a matéria não criada, Mallarmé denomina no prefácio a "Un Coup...": "nada ou quase uma arte" (*rien ou presqu'un art*)? Nessa frase está o processo inteiro de "Un Coup": uma poética que não se desprende do nada e, se o faz, é em direção a um possível, um talvez. Mallarmé não se desvencilha da materialidade da experiência. Sabe que não se invoca o nada para (su)plantar-lhe uma forma feita e direta. E que o tratamento desse não desprender-se do todo do nada é tomá-lo como o único começo possível. Por último, ele não deixa escapar que desprender-se do nada como sinônimo do não criado é franquear o passo a toda e qualquer fabulação sobre a origem. A origem, para Mallarmé, não remonta ao imemorial: está no colapso da tentativa poética até onde lhe coube, no "fundo de um naufrágio". Parece que o propósito de Paz não é fazer advir a poética de Mallarmé, ao menos em "Blanco". Outra coisa é a homenagem analítica que lhe rende em "Los signos en rotación" (1967), o epílogo à segunda edição de *El arco y la lira*. Insolitamente, Paz procura situar-se em certa reversibilidade poética amparado ainda na transitoriedade relativa das formas, não em sua historicidade. Por exemplo: dada uma era, um poema escrito em qualquer tempo cabe na poética dessa era. A aposta na visão futura é total. O que Paz busca é um lugar poético estático. Não quer que o presente seja mallarmeano. Com essa leitura, todas as modificações dos acontecimentos históricos estão na ordem do dia. É possível, no território poético, fazer variar o passado que cai sob a mesma égide temporal. Mas essa estática, e não dinamismo conceitual que ampara "Blanco", está na concepção fenomenológica do poema, da escrita completamente objetual do poema. Mallarmé também a tem. Mas sua postura diante do poema é dinâmica, em risco de tocar as fronteiras do incomunicável à primeira vista. Almeja objetualizar de tal forma seu poema que cria sensações de profundidade e superfície, ou de perspectiva, com a utilização das maiúsculas e com a exploração de distintas grafias. Ainda assim, "Un Coup..." não estabelece uma forma fixa para o poema, não escapa nunca do que poderíamos chamar sua "razão dinâmica". No entanto, o poema de Paz é, por um lado, de fachada completamente ornamental. Trata-se de montar um mausoléu, uma estatuária. Ainda o persegue o fantasma de *Muerte sin fin* (1938), o poema de Gorostiza, talismã da ornamentação conceitual do poema no México. Mas, ainda que descartássemos a forma de fachada fixa – um problema sempre relativo –, o problema de fundo é a sintaxe. A disseminação mallarmeana fica sintaticamente impressa como um gasto que não se pode recuperar para a lógica aristotélico-cartesiana. Estão rotos os laços sintáticos que comunicam com a razão lógica. Só os reconstruídos darão outras organizações sintáticas, sempre provisórias. No entanto, "Blanco" resiste em sua recapitalização: pode ser reconstruído segundo a mais dura e pura lógica aristotélico-cartesiana. É verdade que uma poética considerada "do nada" tem em alta estima a noção de artifício, centrada em oposição à noção de naturalidade ou natureza. "Un coup de dés" é evidentemente um poema artificial, na medida em que não tem – mais que essa alusão mimética ao céu estrelado como imagem de uma constelação: em fins do XIX, Mallarmé não pode escapar da imagem como representação mimética. Mas a sintaxe, quer dizer, o sistema de relações internas da linguagem, vai por um lado muito distinto. A sintaxe se nega a dar a imagem. Cria-se um paradoxo: o que vemos no céu, esses agrupamentos de massa (linguística) que nomeamos de diferentes maneiras, se entregam à percepção como um dado. Mas a linguagem vai por outro. E o curioso é que no poema de Mallarmé triunfa o poder da sintaxe, não da imagem. Em

"Blanco" triunfa a imagem que está soldada à lógica da linguagem. Sua recomposição racional entrega um edifício levantado no deserto. É o que Paz queria: um poema exemplar por seu "fora do tempo", um exercício *edificante*. A linguagem poética de "Blanco" está fora de qualquer esperança, nem a favor, nem contra. A esperança é latente, esconde uma dinâmica, um movimento. A linguagem de "Blanco" é uma linguagem *completa*, é uma linguagem acabada. A ausência de sentido do poema é percebida quando se confronta a atitude da vanguarda homenageada – uma atitude de desbaratamento dos modelos, de risco assumido ao desmantelar normas e códigos – com a linguagem e a forma eleitas para homenagear. Nunca se põe em risco a linguagem de "Blanco", por isso está *completa*. Não há nada que dizer a respeito de "Blanco": poema bem feito segundo códigos que, na data de sua composição, já pertenciam ao arquivo com signo encerrado – e aí, nessa percepção de encerramento da vanguarda que deve ter percebido Paz, reside a força de seu interesse em homenagear: uma homenagem quando a coisa já não está em discussão, uma homenagem fora do tempo da coisa – a coisa está no tempo quando a coisa oferece debate, quando a crítica é possível – e quando sua linguagem imita o fora de tempo da coisa. Haveria de se perguntar, talvez, em que lugar está o que está fora do tempo.

2. "Advertência ao leitor"

O gesto é insólito: o *ad-vertir*, o vertido, o vertimento, o que se derrama ou se inclui tem caráter de substancial. Há algo não dito que se revelará. Tem, de fato, o sentido de uma revelação. Uma revelação não do sentido – ou da falta de sentido do mundo, ou do homem. Não: tem o sentido de uma revelação sobre o poema, algo que o poema deve, agora, finalmente, dizer. Agora quando? Agora, em 1950, quando tudo passou. Quando as experiências verbais fizeram com o poema tudo o que poderiam fazer. Quando o saturaram de atributos e decorações, ires e vires, deveres e teres. Estamos falando precisamente de um gasto: o imenso capital do poema que a metade do século XX ameaça ao quebrar a própria ideia da poesia. Não é, em primeira instância, uma denúncia contra a experimentação. É apontar o que a experimentação pode fazer quando se manifesta como um ato de poder. A confrontação de até onde se pode ir, até quais limites da linguagem para demonstrar sua enorme flexibilidade, seu enorme poder de adequação a qualquer forma, a qualquer embalagem. Uma substância que é capaz de – sem ser água – entrar com seu fluido por cada fresta, cada fissura, cada prega, cada dobra e encontrar, como o ar, lugar. Mas não é verdade. Há um limite a partir do qual o poema se perde. Há um limite que, quando não se cruza, a própria substância apodrece. O conceito de lírica está sustentado tradicionalmente – digamos: desde o século XI provençal até aqui – na manifestação de uma subjetividade relativa. É o conceito de um romantismo de ópera – como grande parte do romantismo em língua castelhana, se não somos Bécquer, Espronceda ou José Asunción Silva ou o gaúcho Martín Fierro –, o que situou a poesia em uma ótica radicalmente subjetiva, sem amparo formal: uma espécie de dizer o que queremos, mas pudorizado pela noção de profundidade. A lírica como manifestação de um eu profundo é o que, ao mesmo tempo, abisma e banaliza: como observar a profundidade do eu? Se levarmos o romantismo ao âmbito do sentimento trágico da vida, entenderemos porque o romantismo em língua castelhana é uma aventura, para mim, mal sucedida. É que, para controlar o conceito de profundidade do eu, ou conta-se com a distância da forma – como esses antecessores do romantismo, que são os trovadores provençais –, com a forma como fase do ocultamento e exercício – experimentação, em uma palavra –, mas ao mesmo tempo uma forma amparada em uma moldura maior, que é a moldura do idealismo filosófico do romantismo alemão e sua vertente de uma nova mitologia – não uma forma, então, à intempérie: o mito ampara tudo, cada gesto, cada grito, cada silêncio caem sob o suporte sombreado e luminoso do mito –, ou caímos na baixaria mais obtusa e cafona e confundimos profundidade com superfície, traduzimos silêncio como pormenor do mais insignificante da vida cotidiana. Sem ser Kafka, não há saída por aí. Kafka ou Walser ou Kleist, ou Carver, na América do Norte, para radicalizar o ponto. Produz-se, na advertência, um desdobramento ante o que se escuta e se extrema o mecanismo do processo próprio da lírica. O que o leitor saberá – porque tinha que saber, já que não é possível tanta cumplicidade ou tanta falsidade no afã de manter vivo o vínculo de aceitação-satisfação-compreensão: para acabar com a vivência do poema como memória de uma felicidade vista em tempos de penúria, aquele tempo em que o poema não era um problema – é o que o procedimento lírico extremado revelará: a profunda, real, insustentável – em 1954, quando ainda não é para o poema o tempo de seu paradoxo – arbitrariedade do ato poético. A renúncia a todos os valores consabidos da história ocidental da lírica: encarnação de palavra e coisa – o mito da graça, tão Juan de Yepes porque nele é real –, a palavra justa, sem excesso, radicalmente medida com uma régua que não se conta com os números nem com o ouvido nem com os dedos, a equivalência entre palavra e coisa, o nomear "pela primeira vez". Claro que esses valores tinham sido questionados no barroco, nos metafísicos, nos românticos alemães e, literalmente, descartados pelas vanguardas estético-históricas das três primeiras décadas do século XX. Mas sempre falta algo por dizer, sempre algo se enreda no silêncio, sempre não se chega à manifestação de "o problema é este", porque na poesia, tradicionalmente – mas com um eco ressoante até nas poéticas mais avançadas em pesquisas –, "não há problema", o problema não é o território da poesia, que é território da afirmação. A lírica imemorial, desde o grito do mamute até a maldição ante Obama, por ter violado o espaço de possibilidade subjetiva, o espaço da subjetividade compartilhada, o espaço de uma verdade a dois do segredo: a poesia, generalizar, é afirmação. Seu fundo religioso é tão potente que a negação lhe está reservada para momentos apocalípticos ou de "ausência de Deus". Digamos, o espaço que se sobrepõe ao simbolismo francês – Mallarmé, Rimbaud e antes Baudelaire – e estoura com as vanguardas. O que se advertirá ao leitor nesse poema será a arbitrariedade levada ao ápice de sua culminação: a imposição do eu – o regresso de um sujeito abolido desde Mallarmé – que, em um aceno de autoparódia total, irá impor o princípio de *entendimento obrigado*. Antecipando-se à época atual, na qual o leitor é quem decide o que quer e o transmite ao poeta que, obediente, cede ante a queixa porque o poeta de hoje já não sabe viver à intempérie – lugar da poesia quando se respirava éter –, "Advertência ao leitor" leva ao limite o domínio da arbitrariedade que, para dizer de uma vez, é a substância da lírica.

Níveis

O limite que leva o poema à autoparódia tem níveis: 1) o da *imposição* da vontade do autor; 2) o da *aceitação* da voz do outro ("doutores da lei", a norma, a crítica); 3) o da denúncia do intelecto como álibi sem outro sentido que configurar um âmbito de poder; 4) o da *absorção* da voz do outro; 5) o da *criação* da própria norma individual sem mais bússola que a que como indivíduo possa considerar correta para si próprio – não para a comunidade; 6) o da *transmissão*.

1) O imposto como pressuposto de retorno da lírica é o valor que sobressai de imediato. A lírica estava – com todas as observações que possam ser feitas no caso do que representou – em crise de figuração. As vanguardas acabam, como se sabe, com o ciclo tradicional da lírica. Na realidade não acabam com ela: a marginalizam, a postergam. Já que a vanguarda é tudo ou nada, ao fracassar seu projeto de mudança na fusão arte-vida, aquilo que era marginal no momento vanguardista dominante retorna como o reprimido, salta pelos quatro cantos. Mas o poema adverte ironicamente sobre a gratuidade da experimentação vista como transformação. Ao que pode levar como consequência, se se cumpre com o propósito teórico que o discurso vai armando em concordância, mas também em contradição com a prática. O dever dar-se por satisfeito do leitor é um galho quebrado pela arbitrariedade vista, aparentemente, como incomunicabilidade ou, melhor,

como não entregar ao leitor o que o leitor quer, escapar do circuito do consumo "desejo do desejo do outro". A fase é correta historicamente a partir do ponto de vista de uma poesia proposta de maneira antitética à doxa poética imperante. A doxa era uma linguagem hiperpoética em seu artifício, mas degradada enquanto espessura significante. Essa espessura foi histórica no Chile, correspondeu às *Residencias I e II* de Neruda e foi recusada por seu autor. A consequência da recusa cifra o ponto de vista para onde se dirige a ladainha antipoética: uma linguagem decorativa-imagística, que começa com *Canto geral* e que se instala na América Latina como retórica poética dominante. De modo geral, se está em presença do barateamento e da recusa de toda atitude vanguardista. Em termos reais, Neruda cede diante do leitor por considerá-lo equivalente à demanda da realidade histórica. O das *Residencias* é um osso duro de ler. Parra não está mais próximo dessa linguagem perdida residencial. Mas tem, como relegado, o mesmo inimigo comum: o da onipresença retórica. No entanto, a linguagem coloquial não revela seu nome nas demandas de "Advertencia al lector". A razão impositiva do poema se manifesta não no que o leitor deve aceitar, mas no que deve recusar.

2) A introjeção da crítica ou voz que representa a objeção aos antipoemas se dá também em forma de queixa. A desqualificação dos antipoemas se dá de maneira acertada:

sua linguagem não é a da poesia, ou seja, a da doxa imperante como poesia que era patrocínio da época. Essa doxa tinha um lugar e tinha sua linguagem: o lugar era o lugar da esperança de mudança revolucionária. E a linguagem era a linguagem dessa mudança tida como fato – em um erro histórico notável – descolocado de sua tentativa de realidade, utópica. A utopia como certeza topológica e linguística é o desastre. Na possibilidade utópica pode haver – por meio do acaso – um provável que ilumine. O que só se podia concretizar em incerteza foi colocado em jogo como certeza. Esse é o paradoxo da linguagem da arte em tempos de revolução. A crítica desqualifica os antipoemas como não lugar de esperança. Vê vazio o alto lugar da esperança (o lugar da doxa revolucionária transformada em certeza histórico-linguística) nos antipoemas. A referência é correta.

3) Os antipoemas tornam assimilável a retórica linguística da poesia dominante nesse momento como uma linguagem, produto mais da cultura ilustrada que da vida. *Em aparência* assimilável: o tom coloquial "podem suspirar aliviados porque é uma obra difícil de conseguir" não aponta ao *Tractatus*: aponta uma classe que vê na cultura uma via de empoderamento simbólico, uma capitalização que os separa do indivíduo comum que, em geral, e dada sua condição social, não viu o livro nem de longe. "Os mortais que leram" é uma expressão eloquente da transvalorização de que padece

um objeto de conhecimento em mãos de um leitor que o recebe como valor de troca que expressa uma distinção. Esses mortais absorvem uma mais-valia lunar que não se dá no dia a dia solar dos meros mortais. Vivem da noite da cultura mais que do dia do suor. O sangue visto como um destilado nas altas refinarias do intelecto elitista.

4) Uma marca de estilo do antipoema é a construção de um diálogo onde um dos falantes está omitido. O falante que aparece torna sua por citação a participação do ausente. Transforma-se não em um falante com uma ausência. Transforma-se em um falante desdobrado que fala consigo mesmo. A citação é uma armadilha, a armadilha do dois. Na realidade, diz a voz do antipoema, só um fala. É a resposta que o poeta uruguaio Juan Carlos Macedo dá a seu compatriota Conde de Lautréamont: "(La poesía debe ser hecha por todos). Sí, pero escrita por uno".

5) A autoparódia e a última eficácia da volta do indivíduo está na linha "como los fenicios pretendo formarme mi propio alfabeto". Trata-se de uma expressão limite. Qual é o limite da criação se não é a recepção na escuta? Na expressão está a delirante e figurada ameaça da loucura, do monólogo autista, da escrita cifrada, dos códigos secretos. Tudo, menos a comunicação, se essa comunicação é a concessão a uma doxa insuportável. O limite da mudança de alfabeto tem oculto um humor corrosivo acusatório: a poesia que se escreve levou

seu envenenamento à entrada a uma linguagem normativa, às portas do ABC, aos signos linguísticos, às letras literais.

6) O que seria uma verdadeira poética antipoética parriana cabe no último parágrafo (ou estrofe, se lhe colocamos música). Se há um traço teórico na poesia dominante na época da escrita e publicação de *Poemas y antipoemas*, é o metafórico-imagístico, tão vinculados ambos recursos que se tornam difíceis de discernir um do outro. Mas o emplastre, a atitude, a tendência metafórica é um fato, *o fato* dessa poesia. No último parágrafo Parra dá uma lição de uso da metáfora, um tropo que não se deve impor, a não ser que se chegue ao quase por lógica: se os pássaros de Aristófanes enterravam em suas próprias cabeças os cadáveres de seus pais, (então) cada pássaro era um verdadeiro cemitério voador. Para chegar à experiência de arcar com o paterno, Parra desfaz a metáfora em metonímia – a pena no lugar do pássaro, o pássaro sobre a pena, por suas penas os conhecerei (aos pássaros) – e refaz o jogo da transmissão de outra maneira. Se o leitor não assume a herança, a herança será forçada. Alguém tem que ser o pai. Parra assume o lugar não de anjo: de Hamlet vingador, mas também de espectro. Os antipoemas não vêm desbaratar a continuidade do transmitido: vêm reafirmar o circuito abolido da transmissão.

A imagem

O poema é uma resposta, uma contestação. A eficácia de sua linguagem radica em tratar o interlocutor como uma espécie de fantasma que, como fantasma, se torna onipresente. "Doutor" ou não, o fantasma é a lei. Aparece pela primeira vez a figura do pai: o que sentencia e aponta o princípio de realidade que "Advertencia al lector" transgride. Como Marx, retorna como espectro. Como Hamlet, o autor se defende como pode. A visão da vanguarda como parricídio é uma visão possível na medida em que a gente se desfaz da história como necessidade de transformação. Se continuamos à deriva da poesia ocidental desde o século XVIII podemos ver que o que aparece de maneira reiterada é a configuração de um estatuto transgressor. A autonomia da arte, conceito fundador da última etapa da modernidade que começa com as Luzes, subjaz a tudo isso. É a figura de um desprendimento (essa seria a imagem da poesia de Parra que tem um núcleo em "Advertencia al lector": a de um desprendimento de um corpo de uma parte desse corpo para reconfigurar esse corpo: esse desprendimento de um corpo será uma metáfora: o *corpo da linguagem sofre um desgarramento*) do corpo da linguagem que não tinha sido pronunciado. Nisso reside sua qualidade de resposta. Responde à suspensão histórica que sobrevém ao ciclo vanguardista estrito que culmina na década de 30, aproximadamente, para dar lugar à vanguarda reificada do museu norte-americano, a vanguarda como norma moderna. O que culmina é o ciclo transformador substancial. Daí para adiante a vanguarda não mudará, será vanguarda como parâmetro regulador, como modo de fazer. Se os "doutores da lei" dizem não aos antipoemas, o que estão pedindo é um desvelamento da verdade de todo processo, de "como se chegou aqui". O "como se chegou aqui" é o traçado realizado pelos antipoemas, sua contribuição histórica crucial através da linguagem poética de uma problemática que estava escamoteada. Em uma palavra, os antipoemas devolvem a memória histórica. As vanguardas eliminaram o eu individual do poema dando lugar não a um eu coletivo do poema: dando lugar – em teoria, a prática foi outra coisa – a um eu coletivo, o que foi chamado "dissolução na práxis social". Desde que o uruguaio Conde de Lautréamont – um expatriado que na expatriação encontrou o mito de dissolver-se no anonimato, pelo qual reivindicou à poesia – enunciou o mal interpretado *slogan* "a poesia deve ser feita por todos", que se encerra com a derrota da ideia vanguardista de transformação da arte na prática social, o indivíduo que seria coletividade – mediado antes pelo conceito de massa – perdeu forma, linguagem, arte e a si mesmo, sobretudo porque não houve nenhuma transformação no sentido da evolução do discurso que começa com a autonomia da arte, antessala do que seria, no social, o indivíduo emancipado. O que acontece depois, hoje, agora, é o indivíduo acorrentado ao capital que faz força para mostrar como o sul, não o norte, é capaz de lidar com um capitalismo de face humana. E não há capitalismo de face humana, simplesmente porque o capitalismo não tem face. O que narra *Poemas y antipoemas* é, transformado em linguagem poética que reivindica clamorosamente por um sentido arrebatado, o desastre de um indivíduo arrastado por um projeto que resultou no contrário. Em meados do século XX pode-se enumerar algumas consequências do fracasso no âmbito da poesia. Não se pode prever ainda a soma de consequências em todos os âmbitos da prática humana. De modo que nesse contexto poético de 1954 o indivíduo retorna como ser resgatado e vem contar a história de sua desaparição. É o que pede o espectro. A imagem é a do espectro. Por isso "Advertência ao leitor" – e a poesia de Parra que esse livro contém – é insuportável para a poesia. *Antipoema*, de fato, não é um conceito antagônico ao de poema: é o que o poema oculta de si próprio, sua verdade histórica que foi separada com uma finalidade substancial, a marca histórica no poema se lava e se lava como mancha. Mas é marca. A marca histórica: a dialética produzida no poema resultante de sua recondução social receptiva com fins de consolo de classe, cumplicidade sublime com a má consciência do leitor-tipo-burguês, na lógica vista por Baudelaire – Rimbaud – as vanguardas: Benjamin, Adorno e Horkheimer. Finalmente, toda imagem é espectral pelo que toca dela na ausência do objeto, pelos nós ou raízes que dão e dão no que não está. Em "Advertência ao leitor" a imagem é *a imagem*, assim em itálico, inclinando como torre a queda que não termina de cair (a mais exata projeção de uma imagem na poesia latino-americana da segunda metade do século XX).

3. "Hospital Británico"

Uma casa em ruínas como uma cabeça. Sobre uma montanha. Trepar ali é subir alto, tocar quase nas nuvens com a testa. Mas não há nuvens. Há no ar a memória do éter, quando os deuses convocam as narinas a um festim. Toda subida requer respiração. Entre suas dobras, degraus, aí se aninham condores que foram expulsos da linguagem pelas vítimas da ditadura do Cone Sul. Um só Cone contra todo condor faz com que ele desapareça. Vallejo disse: "*¿Cóndores? Me friegan los cóndores*". Ave de altura que caiu sob o peso da retórica, do horror e do poema. Há café de altura, não há café da Colômbia que não se apresente com a etiqueta: "*Café de Colombia. Café de altura*". Nunca vi um condor que tivesse escrito no luxo de suas penas: "*Cóndor de Los Andes. Cóndor de altura*". Qualquer povo oprimido te joga uma ave inocente, qualquer povo vítima do horror trepa no ninho do condor e coloca fogo no pássaro de fogo em que se transforma um condor de altura nas mãos de um povo enlouquecido por um bando de assassinos sem fogueira. Um povo retorna, um povo não esquece. Mas, às vezes, como uma memória que perdeu o controle e um farol que perdeu o mar e o céu, um povo erra sua chama de nação. E trepa em cima e corta uma ave do galho com uma túnica branca, engomada, e um tapa boca, e extirpam um cérebro. A solução impossível entre o povo e a arte, o impossível intercâmbio, o diálogo suspenso sobre a montanha. Há uma venda de nuvens que vagueiam fumegantes. A cabeça avança só, vendada como uma ave mutilada em seu pássaro de altura por uma operação Condor na cabeça de Héctor Viel Temperley.

Narrativa

Vinte e sete anos depois da publicação de "Hospital Británico", o que parecia uma mistura de estranheza, inquietude e sinal de uma nova situação adquire um sentido.

Esse poema traz à cena poética algo que há muito faltava na poesia em língua castelhana: a questão mística. Mas uma mística mesclada a uma realidade brutal: a de uma operação no cérebro e suas sequelas, ou melhor, a das sequelas sem operação descrita, espécie de resultado de uma catástrofe pessoal da qual foram apresentadas narrativamente as consequências. Esse poema e aquele contexto. 1986 era o tempo dos fios ainda não unidos entre a poesia latino-americana. O neobarroco despontava em Buenos Aires com o nome de "neobarroso", proposto por Néstor Perlongher para unir uma poética discordante na poesia – o barroco é o desdobramento de redobramentos, uma geração de vazio ao redor porque ninguém entende nem o que entende, em poesia: em narrativa sofreu padecimentos e distorções à margem de Lezama Lima e em mãos de Alejo Carpentier – com uma realidade desastrosa, produto da Junta Militar (1976-1983) sanguinária que tinha governado a Argentina. "Cadáveres" (1987), de Perlongher, é o poema talismã dessa época em seu caráter profundamente revisionista – não só do momento histórico que leva escrito no nome: da poesia, da sociedade, do poder cultural, da diferença sexual, de tudo o que pugna por transbordar ante a máquina repressiva. Na América Latina estão lançadas as redes que uns anos mais tarde possibilitarão várias antologias. Mas, no momento, cor local. O que importa aqui: nesse contexto sufocante do que parece liberar-se a Argentina, um poema como "Hospital Británico" é um corpo estranho. Foi naquele momento de respiro político. É agora em meio a várias correntes de ar. Não havia poesia mística em jogo. Viel Temperley morreu no ano seguinte da publicação do livro. Sua resposta não é a reaparição – repatriação, estive a ponto de dizer: o retorno à pátria do que perdeu momentaneamente o lugar, exilado por razões que podem custar a vida – pura da mística: essa linguagem ou depende de uma experiência limite ou não tem signos mais que de caricatura. É fato que em um mundo hipersecularizado tudo tem tempo e lugar. Até a mística encontra acomodação, uma mística midiática, claro, esses deuses convocados pelos meios de comunicação. Mas a experiência de Viel Temperley é uma experiência poética. E poeticamente tem que fazer valer essa experiência pessoal limite que o situa à beira perigosa de uma chantagem na qual nunca cai, não por falta de inclinação: por maestria. É possível a concepção de uma experiência limite pessoal onde o corpo entra em jogo como unidade que precisa de um Deus (o Deus católico que já estava presente em "Crawl", 1982) e que ao mesmo tempo não traia o sentido verbal que coloca em jogo ao tentar transmitir essa experiência? Essa pergunta que não sei se Viel se fez vem à mente de quem lê "Hospital Británico" agora. Não duvido de sua pertinência. "Hospital Británico" é consciente de seu contexto histórico. "Hospital Británico" é consciente de seu viés religioso. "Hospital Británico" é consciente da situação da poesia. Por tudo isso, é um poema que nasce *armado*, não de fogo: de artifício, se apresenta sustentado em um esquema evidentemente planejado. Em uma estrutura fragmentada de alta precisão – isto é: uma estrutura de suspensões verbais que perseguem todo o tempo o efeito de corte, de algo cortado: o poema, fenomenologicamente visto, atua o corpo que quer dizer. Se todo poema é um corpo verbal, este corpo está cortado. Fragmentar é sinônimo de cortar. O importante é o que resta: pedaços. "Esquirlas" (estilhaços), disse Viel. "Versión con esquirlas", ele chama a uma das versões do poema. E os estilhaços são figuras da agressão: a cabeça de Apollinaire tinha estilhaços incrustados por baixo do capacete de soldado da Primeira Guerra Mundial com a que apareceu depois de ser ferido em combate. Ferido em combate, parece propor Viel. Mas em combate com quem, em nome de que grupo, com que armas, por que causa? Pouco importa. As causas das guerras são sempre "civilizatórias": disciplinam até a morte. A trepanação é uma maneira, altamente questionada pela medicina, de corrigir um problema. Há quem a ela resista. Viel não. Uma mística de artifício: só assim é possível transmitir uma experiência limite na poesia? Um poema de artifício: só assim é possível transmitir poesia verbalmente? O barroco acredita. Zurita, sem ser barroco, acredita nisso em "El desierto de Atacama". A época não pede "naturalidade", território das formas pacíficas, das linguagens transparentes e dos motivos sólidos de valores claros e seguros. Essa época não é esta. Uma época dominada pela incerteza corre o risco – ou a necessidade – do esquecimento. A cada trecho andado surge a ideia de fazer tábula rasa. E fazer tábula rasa é esquecer tudo, em sua acepção comum. O perigo de esquecer-se de tudo é o perigo de colocar em um saco furado, de transformar em matéria de esquecimento o que foi matéria de vida, forma, linguagem, experiência, ideias de um ser humano concreto: o que está e não está entre nós. Um poema deve enfocar-se nesta encruzilhada para encarar-se frente a si mesmo com um mínimo de honestidade. Mas "Hospital Británico" parece ter encontrado a única forma possível de falar de uma ausência histórica (seu Deus presente), o corpo mutilado do homem (seu próprio corpo, corpo de Viel) e do poema que se escreve mas no qual não se crê. Por assunção das diferentes mutilações: espiritual, corporal e simbólica. Mas se parte daí, não se chega aí. A condição para o poema hoje em dia não é o traçado para chegar a uma conclusão que já está realizada. É partir daí em direção ao que não se conhece.

Há duas frases-talismãs no poema de Viel. Todos os que o leem se lembram delas. Uma:

Voy hacia lo que menos conocí en mi vida: voy hacia mi cuerpo (1984).[7]

Não é fácil encontrar uma formulação tão clara de um estranhamento. Mas não o estranhamento diante da dimensão do sujeito, que em geral começa com quem sou, quem é esse etc. Há reconhecimento ou desconhecimento de um ser aí que se estranha. Viel diz o estranhamento pela concepção do corpo visto como lugar. O lugar que menos conhece.

Spinoza: "porque ninguém sabe o que pode um corpo". Finalmente um lugar para onde ir: o próprio corpo. O traçado de um circuito completo: cada um como metáfora de cada um

---

7   "Vou em direção ao que menos conheci em minha vida: vou em direção ao meu corpo" (1984).

mesmo, o falado é metáfora do que fala etc. O próprio corpo visto como outro, mas que se sabe o mesmo. Muito se pode dizer. A comoção se reserva. Dois:

Tengo la cabeza vendada. Permanezco en el pecho de la Luz horas y horas. Soy feliz. Me han sacado del mundo.[8]

A contradição do dizer, chave da verdade mística. A negação do espaço existente. O desejo de fuga. Não há felicidade no mundo. As costas poluídas, os desertos se aproximaram das Torres, a imagem é o princípio de realidade e o princípio de relações humanas. Só para dentro, diria Rilke. Tudo pensado a partir do mundo. Todo o mundo o pressente, ainda em 1986 se podia sentir: o mundo é o espaço da infelicidade. Há que sair. E a saída, a partir da verdade da experiência limite, é dita com toda a simplicidade. Nem a Luz, escrita com maiúscula, imediatamente anterior, consegue ofuscar o gesto de um ferido na complexidade que resolve um falar simples. Eu faria talismã com essas outras frases – entre as múltiplas possíveis de "Hospital Británico":

Nunca más pasaré junto al bar que daba al patio de la Capitanía. No miraré la mesa donde fuimos felices.[9]

---

[8] Tenho a cabeça vendada. Permaneço no peito da Luz horas e horas. Sou feliz. Me tiraram do mundo.

[9] Nunca mais passarei perto do bar que dava para o pátio da Capitania. Não olharei a mesa onde fomos felizes.

Na experiência da perda se concentra o que depois se libera com o nome de epifania. Joyce o sabe pela descoberta. Há algo óbvio na perda: a consumação de uma longa espera. Há algo óbvio na epifania: o *estar sempre aí* do que não estava aí. O outro:

Es mi parte de tierra la que llora por los ciruelos que ha perdido.[10]

Área

Tudo é possível uma vez criada a área. A lírica volta a seu lugar perdido. Se há algo que perdeu lugar na poesia atual é a lírica. As normas de subjetividade parecem ter mudado. Ou são as distintas subjetividades que não podem expressar-se mediante o mesmo eu profundo com o qual se expressava um Petrarca. A forma da expressão mudou porque mudou a substância da expressão. Agora a lírica é possível *a partir* de um limite. Só a partir de um limite se alcança o substancial de uma expressão individual? A experiência não basta. Que poema é esse que precisa de um limite para fazer-se valer? É tal a crise da experiência que só uma experiência limite pode ser crível quando se arma um artifício que possa contê-la?

Es mi parte de tierra que llora por los ciruelos que ha perdido

é uma proposição lírica possível porque todo um artifício sustenta um andaime que se fez presente em forma

10   É minha parte de terra a que chora pelas ameixeiras que perdi.

descontínua. A descontinuidade do fragmento torna possível uma volta lírica crível. A lírica não retorna sozinha, retorna a uma área de disponibilidade onde se alterna com proposições de outro tipo. Em seu retorno se propõe como uma das figuras da ausência. O dizer lírico arranca uma raiz nostálgica em quem lê. Apresenta-se como um fenômeno discursivo de outra época. A nostalgia, em sua manifestação, não é uma remissão de uma presença a uma ausência, um voltar a cabeça. A nostalgia é uma incisão em si mesma, a geração de um buraco, uma parte faltante no discurso. Todo o poema de Viel pode ser visto assim desde que o corpo é visto como *lugar para onde ir*. "Hospital Británico" é o poema da nostalgia pela perda de si mesmo, corpo e poema. Ocorre que para que a perda opere é necessário construir a perda, construir a travessia com todo o conjunto que rodeou a perda, sobreviveu na memória.

Es mi parte de tierra la que llora por los ciruelos que ha perdido.

O pranto (motivo horaciano do "choro porque fui", aqui subvertido) é o dispositivo que ativa a comoção através de dois elementos objetivos no sentido de alheios ao sujeito: "*tierra*" e "*ciruelos*". São os fatores que permitem que a perda atue, não o pranto. O pranto é dispositivo que relaciona ausência e presença. Sem os dois fatores objetivos o pranto não significaria nada mais que uma efusão sentimental fora de poema de época. E "Hospital Británico" é um "poema de época" constituído pelos elementos necessários de um poema *desta* época. Ao fragmento, à plasticidade objetiva de suas imagens, à dicção precisa e contida do falante, à perda do corpo que é a perda da voz falante, lhe soma ao poema o elemento fundamental que os poemas desta época ignoraram, por acharem que pertenciam a outra época: a ausência. O elemento ausência é a contemporaneidade de "Hospital Británico". Se o poema moderno confinou a ausência a um passado sem lugar que ocorre em todos os lados e em nenhum, o poema contemporâneo retém a ausência como elemento substancial do estar em perda constante que é a experiência de vida do sujeito contemporâneo. O lírico, então, volta rapidamente da alternância à ação conjunta de um elemento interno (afeto) e um elemento externo (objeto). Não é possível se falta um. Não se pode dizer, inclusive, que "Hospital Británico" seja um poema lírico. Tem momentos de intensidade lírica para a época. Estão situados a contratempo da época. "A época exigia", disse Pound, "uma imagem". Esta época exige uma imagem? Em todo caso, a imagem objetiva da época – a multiplicidade que Pound intuía através da mistura de registros da fala e o multiculturalismo de *The Cantos* – já não é a imagem desta época. Há uma imagem que começa uma época distinta: a imagem que derruba as Torres Gêmeas do World Trade Center. Esse acontecimento muda tanto a imagem do mundo que o mundo parou um dia inteiro nessa imagem dividida em três ou quatro sequências, as mesmas, sempre. A possibilidade da imagem lírica se dá na mostra de seu poder de subtração de subjetividade da objetividade pedida. É uma extração, em realidade, na medida em que a imagem se apresenta ainda como objetividade do mundo. A imagem de nossa época não pode permitir-se a perda por subtração subjetiva. A emissão lírica da imagem objetiva revela até que ponto a vontade de objetividade da linguagem – vontade de objetividade da imagem que a linguagem veicula – não o permite, trava, bloqueia na repetição dos dois ou três traços fragmentários da imagem possível. As torres são derrubadas, se incendeiam, são estouradas por um avião que explode. Mas com distância. As mesmas imagens. E sem marca de sofrimento. Só assim o atentado alcança a ideia da imagem de um mundo, não o das Torres Gêmeas ardendo: de todo o mundo. Esse atentado não tem um sintoma de precariedade. Nesse ato que a imagem mostra não há perda. Depois, fora da imagem, vêm as perdas na vida humana e em capital, a "margem de perda"; depois da imagem, a projeção em forma de resto do que fica da retirada do objeto.

A imagem

O que fica é mais que o que fica para o leitor. O que fica é mais do que o que o poema insere como duração no tempo. É mais do que contribui a assentar parâmetros a ter em conta na construção de novos possíveis. O que fica é o que cria um lugar de passagem, um ângulo, a mudança a um recanto do que a velocidade de cruzamento foi canto e, já dissolvido em ecos, em ressonâncias, em vazios de presença entre um e outro silêncio, ainda se agita, bate, palpita com um certo calor e sombra onde encontrar abrigo temporária. Para o que passa. O que fica se oferece ao que passa, não como oferta nem sedução: como tigela, jarro, taça, copo, o que peça a época que se ofereça. Sempre há sede. E o que passa, o que se concebe por passagem e na passagem se faz e se refaz, a leva como uma pesquisa de campo ou oásis, como o que a mão meteu na orelha para que fosse outra coisa esse sempre ritual de viajante – caminhar cansa –, levantar a água que cai entre os dedos e sustenta o que fica na palma, e assim foi: em outro lugar um ritual é jogado da mesma forma, uma partida onde a imaginação, a pura imagem, devolve ao objeto o que ao objeto lhe arrancou sua projeção em fresta, em linha de água, em rachadura entre duas rochas onde há ninho, onde há pombos que já estão e já não estão: amanhã, sua perda. O que fica é mais que o louco que o uruguaio mescla de urubu, água e eu, um precipitado que repreende ao outro em sinal de afeto. A gente faz água. A gente faz fumaça. A gente perde pela ferida. A gente pode, se quer, fabricar perdas. Na metáfora do mundo cabe o plural, nessa metáfora, aí dentro levados pela mão de um transparente que engana, de um ver claro que era cal para treva, na coberta fria da brancura ao ar livre, fomos perfurados. Outra coisa é o real da literalidade, o que carrega o que realmente viveu, o que carrega o que não fica. O que carrega na cabeça o corte de hospital, vendado. Um hospital não é hospitalar. Sempre é menos que uma passagem que comunica uma rua com outra, esquina com esquina, a catedral com o Centro Cultural da Espanha. Um hospital é o reino da distância e do ladrilho, a comunidade do diminutivo, os dois maus, velho e criança: um corredor, uma proteção ao lado do que passa, o que aí fica quando levam o mundo, a vida e toda esperança. É branco – um reflexo do puro que cheira a cloro, mas no lugar da esperança. O lado de fora de ficar no porto de cara para o céu e não ao barco que já se vai. De bata. No hospital, sobre a cama, o paciente que não espera por paciente foi subtraído ao movimento que está em todos os demais. Os demais, cheios de clorofila e fosforescência, olham com a boca aberta do alto de uma montanha. Todos vão embora, seu olhar é para o que ficou. Assim são as coisas, a eficácia de um poema é a escrita que gera pensar no que passou – sua esteira. Uma criança, se aproximando o momento, só pensa em seu cometa no céu de Semana Santa – Semana de Turismo no Uruguai, laico de Artigas a Mujica, essa esteira que comunica um Pepe com um Pepe sobre o mesmo céu. Há uma esteira onde não restou nem uma marca, há um rastro onde não há uma coisa, uma marca é uma coisa, uma coisa tomou o controle do mundo. Mercadorias do mundo e átomos de Demócrito em distintos níveis se chocam entre si. O mundo se divide em deveres e teres, um punhado de teres e milhões e milhões de insetos que olham com os olhos duros de uma dureza dura porque não há outra. Sobre as mercadorias, um pé aqui, um pé ali, ninguém se levanta, não aquele Ninguém que inventou a astúcia de não cair, a surdez de não cair, o pacto com a habilidade, seu caráter técnico, o negociado. O mundo é um lugar perfeito para quem quer apoderar-se. O que quer apoderar-se não quer deixar nada, marca tudo, não quer deixar rastro. Um umbu marcado no tronco que chega à altura da cara, um corvo marcado na ponta do bico que dá para a água, uma janela marcada na folha que dá, ao abrir-se à direita, à lâmpada que brilha no banheiro da vizinha. Por aqui passou o que marca tudo, uma porta com um judeu dentro. O que quer apoderar-se é responsável pelo conflito que cria entre a coisa e o lugar, capacete contra terra, rocha contra céu, filhos da puta contra a parede. E partes de um corpo maior, antigos membros de uma unidade destroçada encontram seu lugar cósmico, girando. Os augúrios foram obrigados a se retirar, deixaram um cesto com penas de pássaros abertos em suas vísceras para olhar. Aberto o corpo, ninguém pode fechá-lo. Aberto, o corpo já foi aberto. Nada será como ontem. Ontem, antes de hoje, aberto. Poderia dizer que acima, entre o cósmico, afinal seu espaço, o corpo de Tupac foi costurado pelos deuses. Comovidos, se levantam da mesa. Mas não há deuses comovidos. O princípio de comoção é para quem não quer apoderar-se. Foram as bodas do desmembramento seu brinde com L'aura amara. Seis e meia da manhã. Apaga-se a luz da porta que dá para a rua. O poema é o que não foi levado. Não porque não pese. Porque não se entende nada.

4. "O deserto do Atacama"

A imagem poética do mundo é a de um vazio barroco. A imagem do deserto, a de um vazio repleto. Há lugares repletos de símbolos: cada fresta, cada sobrevivente – as baratas –, cada grão ou quarto de hotel, simbólicos. É raro encontrar um lugar vazio – não completamente: habitado, mas *deserto*, "sem alma viva". E nada mais povoado de almas que um deserto: o espírito do vento, o espírito da pedra, o espírito do musgo, da lagartixa, da serpente, do mato e da chuva antes de mostrar o cobre. E sempre o sol. Impossível um deserto des-solado. A percepção diria que "como um sim em uma sala negativa", o verso de João Cabral em "Psicologia da composição", qualquer grito abalaria esse silêncio, não pela importância do mínimo que vai ganhando terreno na história da sobrevivência futura: pela magnitude da capacidade de ressonância. O deserto visto como uma câmera. Mas não há tal câmera nem tal ressonância.

Não se ouve nada. O deserto é um espaço surdo. Talvez o vento tenha permissão de barulho. Mas apenas assobia. Todo mundo está só, individualizado, e só. O fora é a característica, pareceria, do deserto. Mas não: qualquer fora, qualquer parcela de fora, qualquer pátio de casa ou estábulo sob as estrelas têm maior quantidade de fora que o deserto. Um deserto é o princípio de uma contradição que se desenvolve através de sua travessia. Excede-o talvez a chuva mansa sobre o campo, uma chuva sem raios, sem relâmpagos. Uma chuva sobre o descampado, uma chuva sobre o deserto, é a desolação: o contato entre dois níveis de mundo que pareceriam intocados. A chuva se guarda para outras coisas, a chuva traz consigo a memória de uma plenitude. A chuva é o que satisfaz a falta. Sobretudo porque está na relação inversa ao ver, a chuva é sobre, cai sobre nós, anula nossa distância, nossa única esperança de indivíduos: a fusão do depois. A chuva vem antes. E todo antes surpreende quando não desespera. Saber do deserto é saber da distância, da magnitude e do lugar. Há poucos lugares como o lugar-deserto. Quem vai ao deserto vai à experiência do não tempo, à experiência do vento, à experiência de uma vida. Mas vai, sobretudo, ao lugar. Mas sobretudo vai, em contradição com o ditado, *à grande experiência de intimidade*. O fora íntimo do deserto, o vazio repleto.

A experiência do exterior na poesia de Zurita é característica. A experiência do exterior a partir da perspectiva da natureza. É uma poesia com muito pouca possibilidade urbana. Diante de uma natureza fortemente descrita, aparece uma urbanidade mínima dada pela experiência humana. É uma das poucas experiências poéticas latino-americanas onde o ser humano não aparece visivelmente cercado. Aparece perseguido, humilhado, violado, torturado, mas sem cidade. O que povoa essa poesia também não são os seres humanos: são suas vozes. Poderíamos estabelecer ambos fenômenos e dizer: a poesia de Zurita é a natureza com diálogo humano. Como é esse diálogo, o que dizem essas vozes, é um dos cantares. O outro cantar é o que diz a natureza, esse outro cantar que se manifesta como ressonância ou segundo plano – o que é o segundo, o que lhe faz de segunda – às vozes que beiram o anônimo nessa poesia. Partindo do anônimo, todo nome próprio parece falso, imposto, provisoriamente posto no poema para apontar um titular momentâneo da fala que contará uma história. A força da desaparição é a outra proposta. Em *Canto a su amor desaparecido* o amor faz desaparecer tudo. A desaparição da América Latina, país a país, enumerados como nichos. Se falasse de ressurreição da palavra, depois da desaparição forçada do falante, se diria que a condição necessária passaria pelo passado do dizer – o dito –, e o que o dito deveria reconhecer em seu lugar de enterro – o nicho –, seu ponto de partida. Entra em diálogo com o Ernesto Cardenal de "En Pascua resucitan las cigarras":

En Pascua resucitan las cigarras
-enterradas 17 años en estado de larva-
millones y millones de cigarras
que cantan y cantan todo el día
y en la noche todavía están cantando[11]

Essas vozes têm um outro contato com o *Pedro Páramo*, de Rulfo. Esse nome é o nome anônimo, o nome que tem um titular que o toma do contexto que o criou. As vozes de *Páramo* são vozes desoladas: falam sem um ponto de formulação determinado, falam no ar, falam sem ter em conta a fronteira entre o vivo e o morto. Mais que vozes, parecem almas penadas, vozes penadas. Essas vozes soam a murmúrio, a história paralela à história discursiva – a famosa história oficial escrita pelos vencedores. Em Zurita, em Cardenal e em Rulfo há um traço em comum: isso que murmura como diálogo, canto ou voz penada, ressoa como relegado, como sem lugar no mundo ou como lugar à parte. Para Foucault lhe soa como a contravoz, a voz opositora a partir de um sempre *in illo tempore* inverificável como origem, visto retrospectivamente. O relegado traça um paralelo. Nesse sentido a noção etimológica de paródia, "canto paralelo", não seria uma bastardização da experiência original – o que obriga à paródia – ,mas o retorno do reprimido. Distinguir entre

[11]   Na Páscoa ressucitam as cigarras// - enterradas 17 anos em estado de larva – // milhões e milhões de cigarras // que cantam e cantam todo o dia // e à noite estão cantando, ainda.

o retorno do reprimido e a vocação retromaníaca é difícil. Mas estão as duas possibilidades de interpretação pulsando e vivendo conjuntamente neste momento histórico. A natureza é objeto de deriva a partir do humano em direção a ela das potências do humano. Nessa física, que é seu verdadeiro nome, nessa amplitude desmedida do físico que é a natureza, se cumprirão – na ausência do humano inteiro, na presença da desaparição humana que faz, como deriva, desaparecer o que abriga e constrói o homem – as funções do humano. A natureza canta, a natureza se ama, não como metáfora: como potência derivada. Ou como, na ausência do falante, proteção de suas potencialidades. O que ampara a poesia de Zurita, o que a torna ressonante como experiência poética para além de sua linguagem e da conjuntura histórica que narra, é o mito. O mito da natureza como força matricial e nutricial, como mãe, é a herança que recebemos da tradição. E, portanto, diante da modernidade – concretamente: a partir da última fase que inicia a Revolução industrial – e sua política de destruição que junta escombros ao pé do anjo da história – para parafrasear Benjamin –, é o espaço profanado, vulnerado, dominado. Mas é mais que um espaço se é entidade mítico-simbólica. Em seu contato é deriva ontológica. Uma noção panteísta emoldura a concepção poética de Zurita: as noções de fusão e renascimento.

"O deserto do Atacama"
(Os vários núcleos problemáticos da linguagem poética)

Trata-se de guardar na intimidade do deserto a vida vulnerada. O primeiro vulnerável é a linguagem. Depois o lugar. Uma linguagem cujas proposições lógicas não são verdadeiras, é verdadeira? O objeto a que se refere a linguagem, com proposições lógicas não verdadeiras, é verdadeiro?

i. Los desiertos de atacama son azules

ii. Los desiertos de atacama no son azules   ya ya dime lo que quieras

Zurita: A resposta à pergunta pela verdade é dada pelo próprio

iii. Los desiertos de atacama no son azules porque por allá no voló el espíritu de J.Cristo que era un perdido[12]

A resposta não é lógica e, portanto, não é verdadeira em termos de proposição. Mas é verdadeira enquanto mítico-simbólica. Entre a primeira proposição lógica falsa e a segunda proposição lógica verdadeira não media nada. A terceira alude a uma possível saída da encruzilhada pensada pelo efeito de verdade. A terceira é a vencedora: o mito. "J. Cristo" – que na

---

12   i. Os desertos de Atacama são azuis
ii. Os desertos de Atacama não são azuis   já já diga-me // o que queiras
iii. Os desertos de atacama não são azuis porque por lá não voou o espírito de J. Cristo que era um perdido

edição de *Universitária de Chile* de 1979 está escrito como o cito, com sobrenome completo e nome com inicial – aparece escrito com maiúsculas, em oposição ao deserto do Atacama, em plural, cuja grafia é minúscula. Se a maiúscula privilegia ou hierarquiza, todos os desertos não valem um cristo. Mas sem esse espaço paradoxal, onde se luta contra a tentação?

Um deserto em presente, mais que em presença

A questão para Zurita *é a primeira questão nuclear para o poeta atual*: como fazer valer – além da fé trans-histórica que passa por cima da linguagem e do tempo como se a poesia fosse o espaço da eternidade consolidada – o *topos* discursivo e figuras discursivas como o mito no tempo do presente, tempo de descrença, do relativismo e da incerteza. A este tempo correspondem as grafias do possível cristo: um cristo de nome abreviado, que vale como qualquer J. Pérez (ou qualquer Jota Mario). Se o nome é o talismã da fé, sua pronúncia é seu ato. Quem vive com o "jesus na boca" está ou transbordado de fé ou transbordado de retórica ou transbordado de fala que se emite automaticamente sem pensar. O certo é que o personagem mítico é um qualquer ("J. Cristo que era um perdido", diz Zurita, fazendo uso da metalinguagem imediata sobre o nome que acaba de pronunciar) à beira do anonimato. Mas o mítico cristo é o efeito de verdade que pode responder à disjuntiva entre falso e verdadeiro. O problema não é cristo.

O problema é o deserto. O problema não é cristo. O problema é a linguagem que diz o mundo, o problema são as palavras e as coisas depois que passou a lógica do extermínio com suas mil explicações. Cristo permanece fixo, intacto. A linguagem e as coisas já não estão em seu lugar. E mais, não sabemos se estão. Ou estão e não estão. O mito está fixo, o mito está, precisamente, porque o mito está fora de discussão entre o falso e o verdadeiro.

Entre a intuição lírica e o dado cultural, o poema se aproxima de seu objeto, o deserto. Se a variação linguística falha – não há linguagem "verdadeira" para dizer o lugar –, produz-se uma alteração radical no espaço-tempo. O que era destino da viagem, o deserto, o que era o objeto da linguagem, o deserto, o que era a total configuração do poema, estão alterados. O deserto do Atacama está e não está ali. É uma presença e uma ausência, ao mesmo tempo. Aqui Zurita toca no *segundo núcleo da poesia moderna*, a poesia *morta-viva* da atualidade. Só que, para ampliar a contradição, esses elementos já não são antagônicos (talvez nunca tenham sido e só tenham sido temporariamente descontínuos entre si, sucessivos, não paralelos). Aí não há paródia: a paródia é um diálogo entre vivos. Todo paralelismo se dá entre vivos. A poesia "morta" (a que morreu com Hegel e a filosofia alemã com o conceito de "morte da arte") e a poesia viva, que deu um rodopio a essa ideia axial e reapareceu em outro lugar distinto ao da discussão central, dominante e hegemônica ocidental, hoje coexistem. Esse fenômeno entre duas realidades, entre dois tempos, o da ausência e o da presença, é uma ideia central na poesia de Zurita. Agora é a vez do deserto concreto:

> *i. El Desierto de Atacama son puros pastizales*
> *ii. Miren esas ovejas correr sobre los pastizales*
> *iii. Miren a sus propios sueños balar allá sobre las pampas infinitas*[13]

A coisa concreta sustenta pouco o suporte do deserto. Sustenta duas proposições. A terceira entra na dimensão metafórica. O enfoque parece ser, além do paradoxo que transcorre com o poema, que o domínio do deserto é possível porque aí há encravada outra dimensão, a dimensão da sobrenatureza – diria Lezama –: o sobrenaturalizado que adquire essa potência pela força da linguagem. A coisa concreta devolve chão ao observador. Entre tanta abstração ou conceitualização, o concreto parece devolver mundo ao que está por perdê-lo, no limite, margeando sua ausência. Mas o deserto é isso, a margem de uma ausência, visto de fora para dentro. O lugar de onde se olha é fundamental nesse poema de Zurita, o lugar do observador. O sujeito que olha outorga objetividade, apesar do entredito em que está posta a linguagem. A linguagem, que

---

13   i. O deserto do Atacama são puro pasto
    ii. Olhem essas ovelhas correr sobre o pasto
    iii. Olhem a seus próprios sonhos balir por lá sobre os pampas infinitos

na poesia pré-moderna entregava ontologia, agora não entrega nada: está em questão. O olhar o suplanta. O olhar define o que é e divide o que é do que não é.

O deserto se concebe como um espaço onde as coisas perdem objetividade, tragadas por um abismo não concreto ou superconcreto que lhes concede um estatuto suprarreal – ou Real, em termos lacanianos. O deserto ataca os sentidos mediante a sensação inequívoca de seu ser presente fantasmático. Ou, dito de outro modo, onde as coisas se desconcretizam. Aqui aparece um *terceiro núcleo problemático da poesia moderna*: o processo de coisificação do mundo – e da palavra – e o processo de descoisificação do mundo – e da palavra. Em Rimbaud vemos a culminação moderna do processo de concretização da palavra transformada em unidade com a imagem e a metáfora. São realidades soldadas. Mallarmé toca o nível de concreção do poema como um artifício: o que era realidade entre ilusória e verdadeira, criada por potências daimônicas (conceito que ao mesmo tempo creditou e desfez a consciência romântica alemã e também a inglesa-norte-americana: Hölderlin e Von Kleist, Poe, Whitman e Emily Dickinson). Entre dois séculos Rilke apresenta a queixa pela regionalização da coisa, pela *nacionalização da maçã*: "Antes havia maçãs. Hoje há maçãs americanas", além da crítica ao avanço do modelo pragmático norte-americano. Mas a coisa é a visibilidade pragmática. Depois do modelo norte-americano em ação (o modelo da hiperprodução capitalista) conceitualizar a coisa parece um ato de espectralização da coisa, devolvê-la ao estatuto genérico. *Isso para a poesia é chave. É onde a matriz mítico-simbólica se enfrenta com a palavra concreta. O mítico-simbólico convive com o espectral.* O mesmo mito durante a primeira parte do século XX – me refiro à escola de Eranos – viveu culturalmente em forma espectral, caindo à direita para escapar da esquerda. Mas a palavra poética em seu ânimo de concretude pode sucumbir diante da espectralização. *Quarto núcleo problemático*: a palavra poética espectral vivendo no mundo da coisa ou a palavra poética concreta vivendo no mundo espectral? Há razões para que ambos casos sejam considerados. O que se joga no espaço chamado deserto – um equivalente semântico comum ao espaço do não haver em forma adjetival – que não seja o espaço do haver (mundo) e o espaço do falar (linguagem)? Esse deserto, em seu vazio, é o albergue dos desviados. O mundo desviado, a linguagem desviada, até o mesmo J. Cristo, desviado. "Ainda que o deserto avance" (Nietzsche), o faz como ameaça de um desenlace fatal: não é possível mundializar o deserto nem verbalizá-lo – não dizê-lo: povoá-lo de linguagem. É possível mitificá-lo porque é por tradição um dos espaços mitificados. O deserto é o lugar da pergunta (busca) e o lugar da resposta (encontro). Ou a perda, em ambos casos negativos. Cristo vai ao deserto porque é o lugar limite, onde os limites se desfiguram pelo amplo espaço que os emoldura. Não há limite no deserto. Há deserto, que é um limite. Não é necessário buscar o ponto de encontro entre deserto e Cristo: o ponto é o mito, o deserto é o lugar idôneo do ente mítico. O que pode buscar a linguagem no deserto se o primeiro que faz é, aí, no deserto, errar seu dizer ("Os desertos do atacama são azuis")? Purificar-se, talvez. "Dar um sentido mais puro às palavras da tribo" (*"Donnerunsens plus purauxmots de la tribu"*, o verso de Mallarmé em sua homenagem a Poe) é reconhecer, para além do conceito de "poesia pura" do abade Brémond (isto não quer dizer "poesia essencial" senão, antes em termos simbolistas, ultrapoesia, a mais alta poesia-poesia, o último destilado que pode dar), um gasto, um derrame, um esvaziamento de sentido. Ou, em seu oposto: contaminação. Mais de meio século depois William S. Burroughs reconhece, em sentido contrário, a habilitação do conceito de vírus para a linguagem. Mas a linguagem vista agora não como ente passivo, mas como agente contaminante. O reconhecimento de Mallarmé de uma linguagem contaminada fala de uma passividade, a linguagem (poética: linguagem da "tribo") *teria sido* contaminada, *foi* contaminada, mas como sujeito passivo ou objeto de contaminação. A razão é histórica: o processo de secularização, o "desencantamento do mundo" que faz estourar no século XIX a figura emblemática-escritural de "consciência infeliz", beira a linguagem a indiferenciar-se da fala, e a fala poética da fala cotidiana ("a contribuição milionária de todos

177

os erros", como chama o poeta e pensador brasileiro Oswald de Andrade). A prosa da cidade só podia ter *confundido* (no sentido de mistura) a poesia da tribo. O que depois Marshall McLuhan verá como globalização (no sentido de totalização do mundo, de mundialização) da aldeia não pode ocorrer a Mallarmé. Mas esse processo de contaminação é o pagamento que a modernidade cobra ao poeta. Desencantamento não só significa temporalização ou profanação. Não se trata de não perder o encanto, se trata de ter perdido o mito. O sentido mais puro das palavras é o sentido mítico. Por uma questão temporal vinculada ao mito das origens. Quanto mais nos distanciamos de uma noção de origem, mais nos distanciamos da palavra original, mais contaminamos a linguagem. Paradoxalmente (e a poesia é seu reino, a não ser que recaia nas águas batismais do mito, que agora seriam neobatismais), quanto maior a distância da primeira palavra, maior o índice de contaminação. Mas o vírus depende da proximidade. Da proximidade de quê? Da proximidade do outro. Mas não há mais culpáveis de contágio que as lógicas do mundo – como diria Badiou –, não há sujeitos ou objetos virais: o vírus está no ar, tudo é vírus, tudo está contaminado. Se não se ataca a lógica, não há nada o que fazer. E a lógica é pré-linguística. Só em uma segunda rodada a linguagem se torna cúmplice: em calar quando deve falar e em continuar falando quando o silêncio é o radical necessário. Um fatalismo sessenteiro como o de

William Burroughs é o realismo do presente: não é um arremesso viral, contaminante, a estratégia de espionagem mundial da NSA denunciada por Edward Snowden? A linguagem erra no deserto (o azulea) porque a linguagem está contaminada, *contagiada*. Estaria contagiada de mundo – contagiada de fala, que é o mais próximo à linguagem mundana –, para Mallarmé. Está contagiado de morte, para Zurita. A linguagem vai ao deserto como em um gesto automático para re-mitificar-se. Mas é im-possível – a única viagem da linguagem poética é para dentro. Quanto ao processo de espectralização do mundo, falar de pós-mundo é falar de mundo espectral. E assim como a palavra bate na porta da pós-palavra, o mundo bate na porta do pós-mundo. O que vai fazer o mundo ao espaço do des-mundo que seria o des-erto? Se a partícula des- é capaz de liberar-se do substantivo num gesto mimético – como um desprendimento do mesmo –, o mundo se anularia na busca de re-encantamento.

O mundo em sua perspectiva atual, aprofundamento da lógica tecnocientífica (técnica no sentido mais amplo, como chamaria Heidegger), tem um direcionamento fatal, não pela técnica (isto é: a ausência de Deus), mas pela lógica de produção e consumo que segue o capital.

Linguagem, mundo, mito: tudo está sob suspeita, para Zurita. O deserto dá seus últimos estertores. Não falei da ditadura militar de Pinochet, dispositivo articulador da poesia de Zurita. Não falei da significação do deserto do Atacama nesse labor histórico de re-articulação do humano possível no caso concreto do Chile, nem da importância dos lugares geográficos mitologizáveis como pontas de fio de uma purificação que seria uma re-purificação. A mesma articulação de uma re-purificação – o gesto do *revival* é a verdade contaminada do mundo: se é o preço que a modernidade paga ao passado por ter ido rumo ao novo e na crise do novo o passado reaparece – está marcada pela suspeita –, tudo se articula sob condição. A imagem está condicionada. Como poderia ser de outra maneira, se a imagem é um condutor espectral? A imagem do que continua sobra domina o cenário do que sobreviverá. É o triunfo da espectralização do mundo.

5. O poema que não está

Há o poema da presença. E há o poema da ausência. Há o poema que esquece a ausência em que caiu o que consegue subir do fundo de um poço para reclamar seu direito à claridade e ao ar puro. Há o poema que, entranhado na presença, tem uma estaca de ausência que supura a ferida que dormia cicatrizada sob a sombra da presença. Uma árvore. Uma árvore, a presença. A ferida que dormia sob a sombra da árvore da presença. O que se faz presente presencia o que não está. Mas rara vez, longínquo, já há muito, o que faz ausência presencia o que não está. O esquecimento se entende com esquecimento, o esquecimento necessário e o esquecimento desnecessário. A política do presente indica que todas as cartas estão sobre a mesa. Inclusive quando se descobre o jogo sujo mundial como o pesadelo milionário de uma multiplicação de olhos abertos na mesma noite, se escuta que se diz: "todas as cartas estão sobre a mesa". E não estão. Nunca estão todas as cartas sobre a mesa. Está a sorte. Lançada. Mas lançada pela borda ao mar.

O que se vê pouco da Torre destes Panoramas é o poema-trama-escrita-entre-o-que-está-e-o-que-não-está, o poema em fuga. Quatro cavalos desfizeram o corpo de Tupac Amaru, o estilhaço gira no céu em seus membros frios, cristalizados. Em minhas leituras sobre as constelações de Walter Benjamin vi um lugar vazio no céu onde caberia o nome Constelação de Tupac Amaru. Há um significante que me persegue. Desde minhas leituras de "L'aura amara" de Arnaut Daniel e a fascinação que se impôs sobre mim como deslumbramento, demorei anos inteiros para me dar conta de que o significante que me perseguia queria levar-me a Tupac Amaru. "L'aura amara" encontrou seu Tupac. Decidi que haveria casamento. Decidi que um poeta é quem faz casamentos de ausência e de presença. Abria ao infinito casamentos de ausência e de presença. O poema sempre está. O corpo destroçado é o que traça o enigma entre as constelações vazias. E os quatro cavalos, pergunta? Os quatro cavalos nunca voltaram. Mas não saíram dos Andes. Um poema em fuga da memória que o espera para arquivá-lo em seu nicho de previsível. O nicho de previsível, assim como o fim da esperança, alcança a ampla zona que vai desde o porto de Manaus ao porto de Vera Cruz, passando pelo porto de Montevidéu. Os navios de carga que esperam a vários metros do cais do porto de Montevidéu, onde parei para olhar o mar, têm esse peso de abandono de quem deixa uma época para entrar em outra – um XIX para entrar no desvario que mudaria tudo do XX, terra da grande promessa, a poucos quilômetros da Primeira Guerra Mundial – uma canção por um hino que não se ouve, não se ouve, uma prisão pela solidão que não te deixará nunca mais. Uma prisão que se chama Liberdade por uma namorada – muito bonita – que se chama Liberdade (Yupanqui)? Cheira a peixe frio, cheira a vinho de noite, cheira à volta do tempo sobre um ruído de bronze.

 Há poemas que fogem de sua própria consumação. Há poemas que voltam ao deleite do leitor conhecido. Poemas que fogem da pira de sua consumação, poemas que tomam consciência de seu estar aí em ato. É tal a autonomia que adquiriu o poema desde o século XVIII que acabamos acreditando, com a linguagem do nosso lado, na autonomia do poema como entidade consciente fora do sujeito. Quando se fala assim, empatamos poema com poeta. Hoje existe a certeza de que não são a mesma coisa. Conheço poemas que não me dizem nada, poemas que eu gostaria de ter escrito, poemas que sei que sua estrutura foi completamente necessária para mudar a vida humana, não a sociedade. Se as *Iluminações* não mudaram a sociedade, se a Comuna de 1871 não jogou por terra a ignomínia, se a palavra "hignomínia" não aponta a corrupção da linguagem em seu sublime alto, hínico. Se as canções de Paul Simon, Bob Dylan, Bruce Springsteen e Laurie Anderson não puderam impedir que Obama revelasse sua profunda "branquitude" (o termo conheço por Bolívar Echeverría, um dos pensamentos profundos da América Latina, na esteira de um Mariátegui, mas com quem tenho mais empatia). Se tudo isso que é vida, em criação não para o convite ao ser humano a seu próprio degradar-se, dão vontade de acreditar que só é possível a reversibilidade depois do ponto de desastre, como pensou o último Baudrillard. Conheço, além disso, poemas que têm um seguro de vida tão alto porque em sua confecção continuam de acordo com uma noção de eternidade que, para estas vidas de hoje, que valem nada, sempre soa agradável. Mas não conheço um só poema canalha. E conheço poetas canalhas. Conheço poetas que entregam a poesia por um lugar ao sol. É o poeta leitor, o poeta comunicador, o poeta consolador, o prêmio de honra. Sabe fazer o poema do lugar seguro para ser gostado. "Esse poema me acompanhou toda a vida". "Como lhe agradeço tê-lo conhecido nos tempos duros da ditadura". "Parece ter sido escrito para mim". O princípio da concordância entre sujeito e objeto do poema parece ter acompanhado muito tempo o ritual. É um ritual antigo celebrar um acordo de gratificação. Mas o poema é surdo à queixa, surdo ao gozo, surdo à calúnia de ser apontado como sem sentido. Falar de poema vai junto com o subentendido de falar sobre o que está bem feito. No entanto, teria que se perguntar se tem que estar bem feito o poema de uma época que abriga a um homem que só na lembrança parece um bom homem. Poemas bem feitos para homens maus. Não para homens "bem feitos".

No México, na boca de certas classes acomodadas, há uma frase que quando a escutei pela primeira vez não acreditei no que estava ouvindo. Alguém se referiu a um bom homem. Disse: "É bem feito". A equivalência entre ser e estar como em inglês não sei de onde vem no México. Mas aquele homem estava "bem feito". Como se a propósito houvesse homens "mal feitos". Ao contrário desses homens programados para o mal, aquele homem estava preparado para o bem. Vinte por cento de generosidade, setenta por cento de capacidade de sofrimento (trinta de suportar a humilhação, trinta de omissão por medo, dez de subserviência) e se mantinha inteiro como se nada. O resto o que lhe aconteça nesta reencarnação. Todas as porcentagens estão controladas pelo Deus católico. Ou para, em momentos em que a gente duvida de si, um sistema econômico é realmente tão poderoso como para submeter a grande parte da humanidade, devolver a confiança na espécie. Um voo como de pássaro débil roçou minha cabeça na altura da testa. Encontrar um homem assim entre tanto homem "mal feito" era um verdadeiro elogio, algo é reservado a um trovador provençal, a uma empresa petroleira que entra em acordo com a oligarquia do lugar para explorar as reservas de um povo inteiro – digamos, Repsol – ou, voltando a Paris da metade da segunda década do século XX, a Marcel Duchamp. Não segui meu caminho porque não ia de passagem. Mas comecei a considerar seriamente a diferença entre um poema e um homem.

"O vento só fala do vento", disse Alberto Caeiro. Se o vento só fala do vento, por que um poema deve falar de outra coisa? Suporta-se pouco o poema que fala do poema, a poesia que fala da poesia. A poesia ainda deve ser condutora de algo, servir ao tema, situar-se por baixo do que a linguagem do poema diz. Quando não é assim, a isso que é deveras, chama-se metapoesia. Ou seja: o que fala de si mesmo está além de si mesmo. O metavento, por exemplo. O poema foi feito para falar das coisas humanas. "*Acostúmbrense a cantar/en cosas de jundamento*",[14] disse Martín Fierro. "*Cosas de jundamento*" são as coisas humanas. O poema como materialidade continua sendo para o leitor médio "*fingimiento de cosas bellas/cubiertas y veladas/de muy fermosa cobertura*",[15] disse o Marqués de Santillana e repete duas vezes

---

14 "Acostumem-se a cantar/em coisas de fundamento". *Jundamento*: gíria argentina. (N. da T.).
15 "fingimento de coisas belas/cobertas e veladas/de belíssima cobertura".

a noção de cobrir. Poesia é o que cobre a verdade como um véu de beleza. E o poema em sua matéria não aparece nesse trato. Continua submerso por baixo como o que possibilita que aquilo de cima possa ser dito. Que o poema não apareça é um pacto de seriedade com o ofício e uma homenagem à humanidade do leitor. É também um ódio à materialidade da coisa. A coisa séria é a que não mostra sua matéria. Certo: os homens nunca vão ao banheiro. Nem para fazer o 1, nem o 2. Na grafia dos números estão apontadas as posições.

Os poemas da presença confirmam o estado de fato de um poema imutável. O poema-inseto. É o poema que resiste ao paradoxo de uma humanidade devastada a que sua arte – poesia em primeiro lugar – sobreviveu. Na bela e conhecida imagem de um cenário de pura fumaça sobre fundo amarelo pálido – luz creme –, as antenas dos poemas olham a vista com seus olhos redondos como lombo de escaravelho. Quem os vê: quem os lerá. Ganharam essa sobrevida enquanto davam ao humano a segurança de um depois que nunca poderia ser humano. Hiroshima e Nagasaki confirmam: morto o humano, vivam as baratas.

Há retóricas cujo imaginário beira a ficção científica. Mas o afastamento da linguagem poética de uma realidade pura e dura é o fundamento da retórica, a codificação da distância. Nesse uso da linguagem se vê a capacidade do homem de imaginar e escrever cenários fora do comum, que fede a conhecido. A capacidade de abrir novos mundos.

"Muita necessidade de informação nova", diria Haroldo de Campos. A informação nova como garantia do ser-para-a-mudança, já abolido o ser-para-a-morte. A espécie se dirige como espécie condenada. As zonas da espécie que habitam o norte. Se não acreditasse realmente em uma "epistemologia do sul", como chama Boaventura de Sousa Santos o pensar não hegemônico, não estaria escrevendo isto. Mas a poesia está fora do pensar e os poetas pensadores estão em vias de desaparição. Só o hegemônico tem lugar. E os poetas querem esse lugar. Durante grande parte da última etapa da modernidade que começa no século XVIII, os poetas conseguiram a dignidade sabendo que seu lugar era um não lugar. Os poemas ganharam um espaço de dizer sem limites. O poeta devia impor-se seus próprios limites. Emancipação iluminista: pensar com a própria cabeça. O poeta ia em seu poema até onde podia, não até onde queria o leitor. A configuração de um poeta-massa é a garantia do triunfo de uma recepção-massa, não massiva senão não capacitada. Os graus de complexidade foram reduzidos ao mínimo. "No se conoce/de poemas instalándose/en el triunfo de estar hechos":[16] esta frase excepcional é de *El motivo es el poema*, um livro excepcional de um poeta excepcional, Alberto Girri. Ao excepcional há que dizê-lo três vezes, como tudo na *Comedia* de Dante. Mas ninguém lê o excepcional, senão por momentos de ousadia; ninguém que não seja poeta

16   "Não se conhece/poemas instalando-se/no triunfo de que estão feitos"

lê Girri, ninguém lê Dante senão por dever de memória ou requisito acadêmico. Mas parece que sim. Parece que há poetas que querem para si o gozo de que seus poemas assentem suas reais pompas de uma glória que tem gosto cada vez mais à monarquia, a capital perfumado, à lavagem de dinheiro.

O poema da ausência é da ordem da precariedade. "Sabe" que tudo isso não pode durar muito. Que essa algaravia festeira que grita nos auditórios "a poesia não se vende" é tão falsa quanto a possibilidade de uma paz duradoura na América Latina. A poesia se vende duas vezes. Uma por dez dólares, outra pela direita de sua majestade, Poder. Estar à mercê da nobreza não obrigou a Góngora ou a Quevedo serem mais inteligíveis ou menos corrosivos em seus poemas. A única explicação para que um intelecto refinado como o de Álvaro Mutis tenha celebrado, em *Crónica Regia*, o império espanhol de Felipe II, é uma crença real de que é melhor depender da nobreza que do capitalismo selvagem. Mas o capitalismo de hoje é a nobreza de ontem. E a única diferença entre o sangue azul e o sangue vermelho é que o azul é frio e o frio dura mais que o quente. Há uma estética *do retorno* mais próxima de cantos celebratórios ao Poder alheio. É uma estética que se projeta como "humana" por ser comunicativa, em oposição a estéticas incomunicáveis – e, ainda que não se diga, por simples oposição, "inumanas", ou, pelo menos, pós-humanas, para manter a fala com um certo léxico não desautorizado teoricamente. A coisa é grave para que alguém como Ernesto Cardenal subscreva em declarações públicas seu apoio a uma espécie de onda mundial contra a poesia "incompreensível". A poesia incompreensível é a verdadeira poesia da ausência, a poesia que não esqueceu sua parte ausente, não comunicável. Parece perdida a batalha que o formalismo russo, a princípios do século XX, livrou em defesa da comunicação estética, a comunicação de formas, contra a comunicação de mensagens simples, denotativas. Há uma espécie de clamor que une poéticas que se pensariam diversas – Ernesto Cardenal tem uma obra memorável por momentos, que não parece ter cedido a nenhuma chantagem sentimental ou ideológica, que podem estragar uma obra –, a favor de uma poesia "humana", denotativa ou de retórica canonizada.

A imagem

Está o desejo do poema que não está, o desejo latente está. O lugar da esperança entra em jogo com toda força. Como se um lugar entrasse, entra o lugar da esperança. Um continente em outro, durante a grande glaciação. As aproximações se dão a par. A graça substituída pelo efeito glacial não é uma má associação. O glacial está no ar – neve ou não neve, se produza ou não condensação, a água é doce – depois de ter sobrevivido épocas, idades, sob o auxílio, tudo parecia indicar, insubstituível da graça. Mas a condensação era o segredo da poesia. Poesia=dichten=condensare, a equação de Pound, nessa lógica babélica que era a dona de seu encantamento. A linguagem condensada da poesia que promovem os modernos norte-americanos – cujo extremo *objetivista* pode caber neste verso: "*the apparition of this faces in the crowd/Petals in a wet, blackbough*" ("a aparição destes rostos na multidão/Pétalas em um galho negro, úmido") – é possível em um mundo que se funda e se sustenta na dinâmica positivista, no motor da esperança e na razão técnica e sua decorrência, o novo. A oposição multidão/natureza quer ressaltar a possível fusão Ocidente/Oriente, sonho de Pound. Não sabia Pound em 1920 que a multidão ia ser o patrimônio do Oriente como objeto de exploração, uma vez explorada a natureza. Por enquanto, arquipélagos. Ainda que a realidade seja insular – isso apontaria um triunfo de Lezama – o do isolamento –, *o cubano* em lugar d'o *insular* literal do poema, o que produz o gesto de redobra, o dobrado abriga ninhos, ovos, larva e musgo. A desdobra ensimesma, a matéria – ou o vazio – fala de si mesma. Trabalha-se no próprio jardim. O Brasil rompeu o isolamento em 1922 com a Semana de Arte Moderna de São Paulo (Mario de Andrade, Oswald de Andrade, Manuel Bandeira, Carlos Drummond de Andrade). A partir daí, o Brasil tentava reiteradamente contatar, fazia eventos, muito antes da globalização glacial – ao mundo a partir de um extremo, rigoroso e às vezes chirriante cor local:

poesia concreta na década de 50, Tropicalismo e Cinema Novo na década de 60 do século XX. São trabalhos para dentro, aos quais o isolamento obriga. Se *tupi* – a tribo amazônica – é capaz de substituir a *to be* por homofonia – um verbo inteiro, uma língua inteira, um império inteiro que dominou a Índia e meteu a mão em outros territórios nada simples – a partir de uma tribo indígena amazônica, é possível mudar a ontologia ocidental por modo de vida – antropofágica na realidade, culturalmente metafórica: a proposta de abertura ao mundo para assimilar, mediante o ritual de apropriação, o poder do outro para – e isso é contribuição, a parte do jogo, de Oswald de Andrade – competir em igualdade de condições no mercado internacional, a partir de uma subalternidade devoradora, então sim: "Tupi or not Tupi: that is the question" ("Manifesto antropófago", 1928). Isto é calor. A insularidade é insuportável – já impossível em um mundo onde o caráter expansivo do capital tende a dominar cada recanto, cada canto que não se levante ou se levante: aí está a necessidade de resistência como um estado permanente que responde ao estado institucionalizado de exceção –, a tendência é formar arquipélago. O culto ao novo – o novo poema, onde está? onde está? – dilui-se na aceitação de uma superprodução média, mediana, mediocrizada pela urgência – a ameaça de deixar de estar chegou à poesia da América Latina como as fábricas de automóveis a Chicago: a loucura do níquel, a loucura circular, a urbanização do barulho, a rima batida que só a velocidade desata, a debandada, diminui por momentos –, onde a quantificação bastante relativamente aumenta o índice de qualidade. O desejo é de formar arquipélagos. Arquipélagos presentes. O vínculo com o passado real e vivo está quebrado. O passado que volta é o passado autorizado. Vive-se o desejo de algo que supra a sensação insuportável de flutuação e deriva. Um desejo de consolidação em alguma raiz suficientemente profunda e apresentável no mercado do novo, uma raiz inteira, armada e completa com terra aderida ao redor, terra seca, solidificada. Tudo é metafórico, daí que a metáfora real, o tropo, não surta efeito. Algo diz que a sociedade foi vítima de uma grande substituição. Cada ilha poética já instalada na região da sobrevivência – ganha terreno um "enquanto isso" dirigido e digitalizado ideologicamente – vive a fantasia do auxílio imediato no caso de sinistro. Exige-se arquipélago, a proximidade defensiva. A vida como proteção, até quando é vida? Longe do gasto, mas também da economia, todas as perguntas pela realidade são impertinentes. O fora de lugar ganhou o terreno do não lugar. Defender um não lugar soa a conversa rançosa, a antiguidade, como um vazio de valor, batiza com seu nome a inquietude legítima de um o *que será* antes normal, agora louco. O *louco do futuro* ganhou o lugar do louco da família, do louco da história, do louco da arte, do louco da guerra. O louco do futuro pergunta o que será ao espelho do presente. A esperança – o desejo de algo que se espera, nada religioso, por certo – é o que, no que não se conheça, habite algo distinto, concreto. Uma árvore de abraço, distante peito fraterno. Não sei se esse possível é alimento de uma ideia de mudança ou simples curiosidade, alargamento do ter visto, ouvido e gostado nesta vida *que a sorte nos deu*. O que não está é uma ausência que se evita como ausência, mas se aceita como desejo. A figuração de uma nostalgia interdita. Se pode ser tudo: pós-humano, traidor da espécie, porco capitalista, rato explorador, menos nostálgico. A nostalgia como fantasia de um passado, poeira com sonho. Um dourado que há muito se tornou azul com negro. Está alçado a nível ético defender a presença contra toda ausência, como se fosse defender a vida contra a morte. Mas essa ausência não é saudade: é memória tirada de lugar. Cada coisa produzida cada dia com valor de novidade é concebida como afirmação da vida como se fosse sol, vento, ar. É o heroico *o que há*. O temor ao furacão do passado que chupa como um vazio contra o temor do redemoinho presente que abre a vertigem aos pés, mas que, por um jogo favorável de espiral, poderia – quiçá, talvez, quem sabe – pôr tudo isso sobre um chão seguro.

    O poema que não está mantém seu segredo. Confiamos que assim seja. O poema contemporâneo esgotou o procedimento de mostrar o método depois do trabalho realizado. Todo poema pode ir – não quer dizer que vá prescritivamente – acompanhado de sua palavra mais feia do mundo: "bitácora" (caderninho). Quando na realidade é um diário de viagem – ou parte do naufrágio, desde o Mallarmé de "Un Coup…", que concebe o poema como entidade aberta, não no sentido de Eco, de final com participação do leitor. Aberta no irônico de Benjamin, de mostrar os mecanismos constitutivos da obra. Durante a época da obra fechada o poeta era sujeito de um ocultamento. "Os segredos da obra" eram de seu domínio. A obra podia ser feita em sua fachada de acordo com o comum de todas as obras. Isso permitia falar de um dentro e de um fora da obra. Mas o miolo da resolução, o cerne do assunto, pertenciam ao poeta. Nenhuma classe trai a si mesma, disse Lênin. Nenhum criador revela seus segredos. A coisa mudou. Nenhuma classe trai a si mesma – salvo se seus membros virem a vender sua condição de classe a outra classe para mudar de estatuto classista. Mas todo criador que se preze revela o segredo de sua obra de alguma ou outra maneira. As políticas de recato são parte da ingenuidade humana – vista a partir do porto com certa nostalgia. Já não são parte de condutas que fazem gala de sobriedade – a gala do empresário contra a gula do faminto. Hoje coexistem maneiras opostas de conceber o poema. Por isso, falar de arte como de uma morte-vida pode chocar, mas não espantar. Falar de coexistência do poema da presença com o poema da ausência. O poema, em meia fuga, faz um trânsito, está entre dois fogos:

um fogo amigo, o da presença – amigo de seus amigos da tradição do sentimento acima de tudo –; um fogo inimigo, o da ausência de poema – a ausência de poema cujo núcleo não é a inexistência, mas a parte ausente da presença: essa ausência vista agora como inimigo ético ou falta de ética, porque não reconhece o que há como princípio de conciliação com a realidade não vista como montagem opressiva. O que não está se incuba ou já está em outro lugar. Se se continua o curso atual das violações da intimidade por parte da NSA é melhor, para quem saiba, não escrever onde. Melhor murmurar em segredo à sombra.

III.

ESCREVER SOBRE ESCREVER POESIA

Escrever sobre *escrever poesia* supõe pensar a suspensão, entre outras coisas que acontecem sob condição interrompida. Há uma decisão tomada de modo lento, diariamente, de modo que já não é possível inventar o momento da detonação que anunciaria talvez, em outro tempo de certeza, o despontar de um destino. Perdeu-se no tempo o ponto de largada. Inventar o momento de início como se se tratasse de uma encenação – ali a cadeira, a mesa, os livros ao fundo e as fotografias, acima a noite, as estrelas – equivale a parodiar Mallarmé no momento exato: esse quando se vestia para escrever. Outras escrituras possibilitam ir ao encontro dos fatos – um romancista toma muitas notas, usa manuais de carpintaria, dicionários de plantas, dicionário de aves, atlas, anuários, almanaques e os diferentes Calendários de Ti: os que são usados para lembrar teu aniversário. Um ensaísta faz levantamento de campo, à menor provocação pega uma pá e começa a cavar: o ensaio tem muito a ver com a poesia.

Tenta pensar que escrever poesia foi um ato sempre muito parecido. É o mesmo objetivo que leva a afirmar que a poesia *sempre é a mesma*. Esta noção – convicção para alguns praticantes que veem na poesia o espelho de sua necessidade de duração – é um turbilhão, especialmente quando se enfrenta a realidade da poesia neste momento histórico. Ainda que a poesia tenha dado voltas várias vezes sobre si mesma desde a *morte* (hegeliana, do XIX) *da arte* – fundamento filosófico da emergência das vanguardas estético-históricas das primeiras décadas do século XX – e, também, tenha recusado essa "morte" simbólica e retornado às fontes clássicas da versificação, à clara e dura fachada e à tematização específica (três momentos que sintetizam o instante de esplendor de recusa que manifestam as vanguardas a toda ideia de tradição poética), sua realidade mudou no que diz respeito às distintas concepções que se tem dessa prática. Hoje coexistem uma visão eternizante, intocada pelo fogo dos dias, mas bastante tocada pelo fogo dos deuses que, em algum recanto do éter, essa visão eternizante aposta que ainda estão, com noções "veiculares" da poesia: uma, a que transmite as necessidades de uma comunidade específica; outra, a que usa a palavra poética como instrumento de persuasão ou habilitação de consciências para uma transformação na sociedade, e todas com uma visão niilista quanto à sua possibilidade de ação no receptor: nada há que modifique a indiferença do ser humano presente, nem a alma em pluma de Guido Cavalcanti nem o mais árido e agreste João Cabral de Melo Neto, o Cavalcanti brasileiro. Entre o contemporâneo de Dante e o integrante da geração de 45 da literatura do Brasil muita água rolou, subterrânea às vezes, fios de água salpicando o olhar crítico de uma oscilação turva entre paixão e desconcerto. Mas o que vem ao caso aqui, neste agora, é a significação, o ato de escrever poesia considerado como fenômeno em si mesmo. Tenho minhas dúvidas de que uma visão precisa da poesia não implique ao mesmo tempo um modo de escrevê-la – não só técnico, não só manuscrito ou maquínico –: há que encontrar a maneira de não escrever nem *para* nem *em falta*, recuperar o modo de escrever *porque sim,* atento a qualquer exterioridade: a do ancião chinês da dinastia Tang que vê cair as folhas no tempo dos olhos da amada que não está; a de Mallarmé, quando apenas um olhar vencia a brancura da página para emboscar-se nos precipícios de um abismo com ruído de água e de asas contra o céu; a de hoje, aqui, atenta às voracidades de todo mundo que salta, fala, grita, rompe, aniquila, se dirige, conspira, desce pela ladeira junto aos que amam os pinheiros; tudo que denota nossa fragilidade e nossa impotência diante das coisas e além disso, isso é importante, o peso da palavra, peso mental dependurado na sombra que constrói à parte. Esse último: escrever poesia é a única maneira que conheço de acreditar na existência de uma escuta para a palavra ou, se já não há, de precipitar o momento de sua criação: a criação do nascimento de uma escuta, isso que os *scholars* dizem quando dizem: "cada escritor cria seu leitor", isso não: a criação do nascimento de uma escuta para que um mundo já inédito, por esquecido, o da atenção, nasça.

2. As pessoas criam os espectros de suas estirpes ou o seu modo espectral de aparição. Por que sempre me senti afim a Guillaume de Poitiers e a seu "Farai un vers de dreyt nien" ("Fiz um poema de nada")? Porque assim se faz um poema: umas gramas de amor do buraco deixado pelo corpo do amor mais um punhado de farinha para fazer pão umedecido pela chuva que passou entre as telhas rachadas dão essa espécie de sonho que se conquista sob um paraíso no momento arrebentado de toda uma época: depois do almoço ao meio-dia, meio dormido sobre o ritmo do passo a passo do cavalo, por ali a gente passa sob as folhas, à beira da sombra fresca, ladeando o muro de pedra. Somado a essa certeza: pode ter sido de outra maneira ou não ter sido. Pode não ter existido esse poema, nenhuma folha que desse sombra ao passo do cavalo, nenhum Guillaume de Poitiers retirado à luz natural de seu castelo escreve nem uma palavra sobre essas folhas amareladas, crocantes como queijo ao fogo, desidratadas de todo veneno e planta venenosa, nem

de noite sob a palidez de um candelabro. Poderia não ter sido. Escrever então é jogar quantas vezes a consciência tolere a possibilidade de "podia não ter sido" imediatamente depois do que realmente foi: um saldo, um resto, um excedente da ação que coagulou. Isso nos torna – a cabeça da arte gira ao redor do oceano mundializado de coisas, notas, notícias, crianças palestinas arrasadas – menos puros, mais reais, e meio perdida a noção humana nestas terras.

Eduardo Milán nasceu em 1952 em Rivera, Uruguai ("do lado cinza da colorida fronteira com o Brasil", em suas próprias palavras). É poeta, tradutor, antologista e um dos mais influentes ensaístas latino-americanos dos últimos trinta anos. Em 1979 abandonou seu país natal para afastar-se da perseguição política dos regimes militares que o governaram entre 1972 e 1985. Desde então está radicado no México, onde desenvolveu (e continua desenvolvendo) sua escrita poética e ensaística, e onde, entre outras coisas, foi membro do conselho de redação da revista Vuelta – dirigida por Octavio Paz – e recebeu o Prêmio de Poesia Aguascalientes (1997).

Impressão e acabamento

psi7 | book7